Photo by Hisako Ohkubo

Photo by Hisako Ohkubo

ちくま文庫

あの頃、忌野清志郎と

ボスと私の40年

片岡たまき

筑摩書房

あの頃、忌野清志郎と

ボスと私の40年

片岡たまき

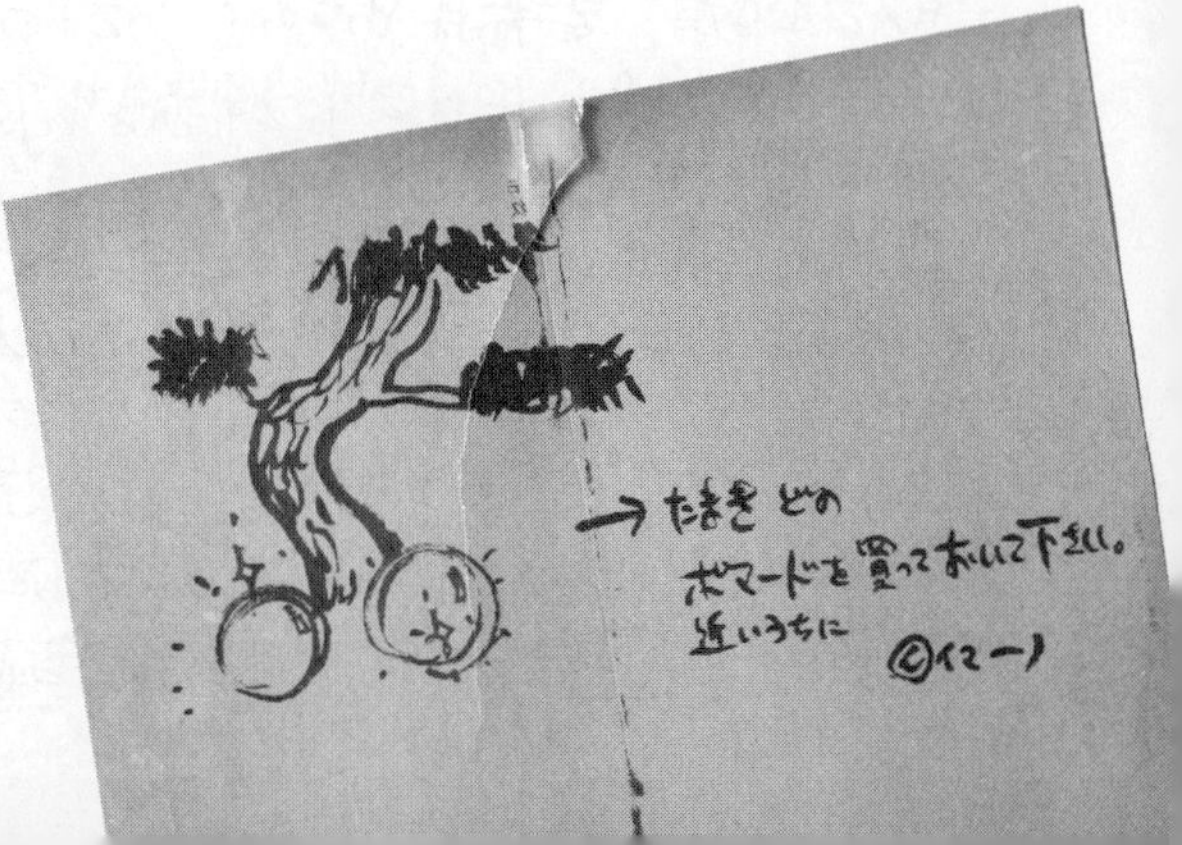

「いやだわ　キヨシさんたら…」と言っていますが、何が“いや”なんでしょう？
何か仕出かしたんですか？

えへへへへへへへ………　おしえないよ〜〜と

女性を前にして、まず最初にどこをみますか？

胸の大きな女性は好きですか？

どんな女性が好きですか？


首スジから肩，夏場はわきの下，うでのつけね。

胸の大きな女性は好きです。でもあまり大きすぎるのは困る。

女性はだいたい好きです，どんなタイプも。

「いやだわ，キヨシさんたら」タイプの女もいいねへへ。

「なによ，アンタ」タイプもいいぜ。べつにどんなんでもいいと思うな。ブスは困る。変な宗教にこってるのも困るぜ。まァ，一度直接してからだな。下心なんかすぐに見ぬいてやるよ。

最近の生活、仕事、遊び、などは？

生活は相変らず不規則でメチャクチャさ。朝は どんな朝
も大嫌いだ。ふざけんじゃねえ，なんだありゃ。朝なんか
いらん。夜中じゅう働いて気がつくと来ている朝は
まったくしらけまくっているしよ，まちがった考え方のマネージャーが
入れたまちがった早朝の仕事のときに起きる朝は
最悪だ。忙しそうにしやがって。ふざけんじゃねえ，ゆっくり
やらせろ。ちきしょー。朝は来ない方がいい。なくなれば
いーんだ。
仕事は順調としか言いようがないね。サエまくってい
るよ。曲を作ってスタジオにこもってはデモ・テープをとって
るぜ。あとはバンドで各地のイベントや録音に向けて
れんしゅうしてるぜ。曲が多すぎて、けずるのが大変だ。
雑誌の取材では、あまりしゃべり過ぎないように注意
している。音楽雑誌を読むような奴はロクな奴がいね
えからな。書いてあることをいちいち信じこんだり、批判的にしか
見れないクリッタレが多いんだぜ。くだらねえ奴らだ。ぜったい
マジメになんかしゃべらないぜ，と。
遊びは、もうバッチリよ。心配しないでね。遊び相手
も多いぜ。いっひっひっひっひ……。

女性誌掲載記事用の予備アンケート（忌野清志郎・自筆回答）1987年

目次

写真
おおくぼひさこ

挿画
忌野清志郎

デザイン（口絵・扉）
掛川竜

プロローグ——ステージ衣裳

連絡を受けて、仕度をはじめた。その手が震えているからときどき止まってしまうけれど、早く、早くと気持ちが号令をかける。いっちに、いっちに。

清志郎の自宅までどう行ったのだろう、なにを使ってたどり着いたのだろう、駅まで歩いた覚えもないし、駅から歩いた覚えもないからタクシーだろう。当たりまえなのに、乗ったことも思い出せない。

玄関を開けてくれたのは、昔からいっしょにRCの仕事をしていたアサミ（イラストレーター・アサミカヨコ）さんだ。

なにも言わない。目で話すだけ。居間に入ると石井さん（忌野清志郎の妻）が出迎えてくれた。お互いに泣きだしただけ。

その奥には、見知った安心の顔が並ぶ。

みんな目で話すだけ。目ってすごいな、会話ができる。こんなときでもいちばん最初にしゃべってくれる。

清志郎は、ステージ衣裳を着て目をつむっていた。衣裳のまま寝てるなんて、とてもおかしい。でも変じゃないんだ。ステージ衣裳は見慣れているからかな。メイクもうっすらとしている。まるでステージに飛びだしていくあのときのいでたちだ。『忌野清志郎 完全復活祭 日本武道館』で着た薄いピンクの桜の柄。病から復活した最初のライブ、春のライブに似つかわしい桜。

お線香をあげて振り向いた頃から、みんなと会話がはじまった。ときどきみんな泣いてはいたけれど、石井さんがここ何カ月、何日か前の清志郎の様子を話してくれた。

清志郎に向かってまた手を合わせ、お線香をあげた。つくづくと彼を見渡す。と、手前の祭壇にお供えしてあった缶ビールの蓋《ふた》が開いてなかったのに気づいた私は、缶ビールを手に取り、シュポッと音を立ててプルトップを引き、それをまたそっと祭壇に置いた。

「驚いた。たまきがビールを飲んじゃうと思ったよ」

石井さんがそう言うと、みんなが笑った。

「まさか、そんな。いくら私でも、これ清志郎さんのお供えですよぉ」

と答える。

「いやいや、たまきならやりそうだからな」

アサミさんが言うと、またみんなが笑う。

「グラスに注ぎます……」

私はキッチンからちょうどいい大きさのグラスを持ってきて、ビールを注いだ。

はい、ボス、ビール。ツメビじゃないけど……ヌルビだけど。

清志郎はライブのあとの打ち上げの席で、まずビール。冷たいビールは「冷《つめ》ビ」、常温のものは「温《ぬる》ビ」って呼んでいた。スタッフがいつも清志郎に、

「ボス、今日はツメビですか、ヌルビですか?」

って尋ねていた。

ソロ・レコーディングを終えてロンドンから帰国した清志郎は、

「ロンドンではさ、ビールなんて冷やしちゃいない。そのまま常温で飲むの。それがなぜかおいしいんだよ。や〜、長い滞在ですっかりロンドン生活に慣れちゃったな〜、

オレ」

なんてわざと得意げに言って、周囲を笑わせていた。

テーブルの周りに集まって、なにを話しただろう。

居間はとても広いので、みんながてんでに座っている。すこし先には、ステージ衣裳の清志郎が横たわっている。

第一章　理解者

私の好きなおにいさん

中学生になった最初の期末試験の頃だったと思う。試験勉強に飽きた時間にテレビをつけ、テレビ神奈川（TVK）に初めてチャンネルを合わせてみた。わが家ではちょうどその時期テレビを買い替えて、UHFも視聴できるようになったのだ。

小さなテレビの画面いっぱいに、マッシュルームカットの髪型の男が歌っていた。伏し目がちでニコリともせずに、どちらかというと澄ました表情で淡々と歌っていた。その男が、というか当時の感覚では「おにいさん」かな。何を歌っていたのかははっきりとわからなかったけれど、自転車の後ろがどうの、という歌だった。

テレビに映ったその最初の画面で、私はヘンな声のそのおにいさんが好きになってしまった。いっしょに見ていた兄がチャンネルを変えようとしたので、威嚇《いかく》して阻止してやった。

だけど、なんだろうこの歌は。ギターとコンガにのって静かに優しい声で歌っていたかと思うと、ギターがジャカジャカ弾きになって、おにいさんは怒鳴るように歌声を変えた。かと思うと、また静かに、なにごともなかったかのように口笛を吹く。スゴい声だなぁ。おにいさんといい、演奏といい、12歳の私には十分衝撃的な画面だった。なにしろおにいさんは歯並びがきれいで、とてもハンサムだったのだ。

そのグループがなんという名前か、その夜はわからなかった。しばらくして、深夜、小さな音で鳴らしていた枕もとのラジオから、あのおにいさんの歌声が流れてきた。あ、この声はあのおにいさんだ、すぐにわかった。先生がどうのこうのっていう歌だった。ラジオのディスクジョッキーが「RCサクセション」だと言った。やった！ そうか、RCサクセションっていうのか……。ヘンな名前だな。

それからは、TVKを見ればきっとまたRCに会えるかもしれない、もっともっと違う歌を聴けるかもしれない、とチャンネルを合わせては一喜一憂していた。当たりまえだけど、テレビをつけても必ずしも毎回彼らと遭遇できるわけではなかったのだ。

いったい何者なんだろう。問いかけに答える人もなく、期待ばかりがふくらむ田舎の12歳。当時の私にはたくさんの情報をいかに簡単に早く得るか、そんな知恵はなかったのだ。

通っていた小学校の隣に、薬と化粧品がメインで、それに少しの文房具と、壁際の半分くらいのスペースに雑誌を置いている「あつみ薬局」という店があった。ある日、下校の道をちょっと変えて、音楽の話ができるようになりつつあった友達と、その店に寄ったときのこと。なんと、雑誌の棚に『RCサクセションのすべて』というタイトルを見つけたのだ。

いや〜、あのときのうれしかったことったらなかった。クリスマスプレゼントとお年玉がダブルでやってきても『RCサクセションのすべて』の発見には勝てっこない。想っていれば突然にメガ級のプレゼントがやってくるものなのね。友達もいっしょになって喜んでくれた。小銭も貸してくれたし。

ふたりの帰り道にバス停のベンチがある。このベンチは友達との別れ道、ここでふたりは南と北に別れて家へ帰る。バスに乗るわけでもないのに、そのベンチで、あーだこーだわけのわからないことを延々と話し込み、悩みでもないような悩みに悩み、些細《ささい》なことで大笑いし、どれだけの時間を過ごしたことだろう。

その青春の原点のようなベンチに座って、ふたり、陽が暮れて『RCサクセションのすべて』の文字が読めなくなっても、興奮しまくっていたのを思い出す。本はスゴい情報量だった。知らなかったことが山盛りに載っていた。

「東京の国立《くにたち》というところに住んでいるらしい」「中学の同級生だった」「メンバーのだれかは団地に住んでる」って書いてある。楽譜も載っていた。写真も満載だ。スバラシい。

文字どおり穴の開くくらいページをめくった。毎日、大事にページをめくった。でも日々ボロボロになっていく。そこで少し離れた本屋に同じ本を買いに行った。一冊は保存版にすることを思いついたのだ。でもその本屋には在庫がなく手に入らなかった。すかさず予約だ。必要だった参考書は後回し。まずはこれを予約だ。

ちいさな冒険

『RCサクセションのすべて』の中によく出てくる「国立」という街に行ってみたいとムクムクと思いはじめる。その夢は、わりと早くかなうのだった。

母方の親戚が東京の日野に住んでいて、夏休みになると、子どもたち兄弟3人だけで1週間から10日ほど泊まりに行くのが恒例になっていた。

親戚はお寺で、朝6時に眠い目をこすりながら正座でお経をあげ、日中はすぐ裏の多摩川の支流で川遊び、境内でうるさいほど鳴く蟬《せみ》を手づかみで捕まえ、縁側でスイカをガシガシ食べて、夕方、五右衛門風呂に入る。

そのお風呂場の窓からは、多摩川の対岸に位置する立川の灯りが遠くに揺らいでいた。

日野から国立は中央線で2駅、こんなチャンスはない。

夏のある日、私は伯母さんに思い切って「国立に行ってくる」と言いだす。近いから大丈夫、陽が暮れる前に帰ってくるから、と。それまでの日野での夏休みに、ひとりで日野から出ることなんてなかったから、伯母さんはびっくりしていた。

伯母さんは何をしに行くのかと訊く。説明するのが恥ずかしかったが、きちんと理由を言わないと、出かけさせてもらえない。

「私の好きな音楽のグループが国立に住んでいて、その街に行ってみようと思う」

と打ち明けた。

伯母さんは訳がわからない様子だったが、「必ず途中で電話をするんだよ」と、外出を許してくれた（いまでも伯母さんは言う。子どもの頃、国立に出かけて行ったあのグループの仕事をしているんだよね、と）。

すると、3つ違いの小学生の弟もいっしょに行くと言いだしたのだ。え？　面白くもなんともないよ、国立って。

弟は言いだしたらきかない。仕方ない、小さな道連れができたってことだ。伯母さんはまるで遠足みたいに、水筒と麦わら帽子をふたつ持たせてくれた。

国立に着くと、駅からバスに乗って富士見台団地のあたりで下車した。そのときに弟が言う。

「あ、おねえちゃん、バスに帽子を置いてきた」

伯母さんが持たせてくれた麦わら帽子だ。たったいま発車したバスを追いかけたけれど、追い着けっこなかった。弟には私の麦わら帽子を被《かぶ》せてやった。

国立に着くと（ファンのだれもがそうするであろう）曲名にある番地「国立市中区3－1」を探してみたけれど見つからない。現実には存在しない住所なので当たりまえだったのだが、行ったりきたり探し歩いた。

その後は『RCサクセションのすべて』の中の写真をたよりに、一橋大学の構内を回り、その中に写っていた同じ場所を探して、写真と同じポスターの端っこを切って記念にした。

弟は何でこんなところに来ているのかもあまり理解できないままに、もっとおもしろい場所を想像していたのだろう、だんだんと飽きてきているのがはっきりわかる。伯母さんに持たせてもらった水筒の麦茶が終わった。そのあたりに1軒しかないスーパーで缶ジュースを買って、ふたりで飲んだ。

当時は、『多摩蘭坂』という曲もなかったので、いま、ファンが必ず行くという「たまらん坂」の存在も知るはずがない。あとは、歌詞に登場する「大学通り」や「南口」、そのあたりを散歩しただけの冒険だった。「国立」がこんなところだとわかっただけ。でも、それだけでよかった。

公衆電話を探し、伯母さんに「いまから帰るから」と伝えた。

「ごめんなさい、麦わら帽子をなくしちゃった」

と謝ったら、

「そんなもんいいんだよ、気をつけて帰っておいで」

と言ってくれた。


その頃のRCサクセションは、テレビ番組『ヤング・インパルス』（TVK）にレギュラーで出演し、ラジオからは『ぼくの好きな先生』が流れ、本屋にはバンド本があった。しかし、同級生はだれも知らないし、話してもあんまりピンときてくれない。だけど音楽の世界ではそこそこは売れているんだなって、少しずつわかってきた。

雑誌の巻頭カラーページのRCを切り抜いて、透明ケースに入れて持ち歩いた。ときには下敷きにしたり、パスケースに挟んだり。そんなことが女子の間で流行っていたけど、アイドルを持ち歩く女子ばっかり。私はRCだ。カッコいい。

もっぱらRCの情報源は「あつみ薬局」の棚の音楽誌。『ヤング・ギター』や『ロッキンf』などに載っているすでに終わったコンサートの取材ページや、これから行われるコンサート情報のコーナーで探した。

まだコンサートなど行ったこともない13歳は、終わったコンサートの記事を読んでは、いったいこれはどんなものなんだろう、大人ばかりが集まるのか、中学生もいるのか、音は大きいのか、すぐ近くで観られるのか、などなど他愛のないことを想像する。興味はつきない。もちろん次なる目標は「RCを目の前で観ること」。いつか達成しようと夢を見る。

そんなことをしているうちに、学校内でRCに興味を持ってくれる友達がすこしずつ増えてきた。いちばん仲の良かった「青春ベンチ」の小島さんは、キャロルの矢沢永吉のファン。ふたりはこのまるっきり違った音楽の趣味を、いとも簡単に共有した。かたや『ファンキー・モンキー・ベイビー』で、かたや『ぼくの好きな先生』。あっちは『ヘイ・タクシー』で、こっちは『ぼくの自転車のうしろに乗りなよ』だ。

キャロルとRC。でも、なぜだろう、当時は両者が思いっきりかけ離れていると感じはしなかったのだ。あの個性の強い感じ……それは同じだと思っていた。清志郎たちは私にとって屈強な若者。細っこい体で、ちょっと弱々しい風貌で、ケンカになったらきっとすぐに負けちゃいそうな彼ら。アコースティック楽器で演奏する彼ら。でも私には十分に強かった。彼らの音楽のエネルギーは、体の何倍もの強さがあったと思う。

初期のRCを評したものを目にするとき、フォークの形態であってもやっていることはソウルフルだ、という内容が目立つ。しかし、当時の私はソウルなんて知りもしない。そもそも洋楽には興味が湧かなかったし、後追いのビートルズにも狂わなかった。

ただ、ザ・モンキーズは、小学4年生の頃に『ザ・モンキーズ・ショー』がテレビで放映されていて毎週見ていた。顔は外人だが、しゃべる言葉は吹き替えの日本語だったので、身近に感じられたのだろうか。いい曲がたくさんあったし、メンバーはアイドル顔。

初めて買ってもらったレコードはモンキーズだった。けれど、なんにもわかってなかった私は、歌の入ってない演奏だけのやけにスカーッとしたレコードを選んでしまい、ポータブルプレーヤーのスピーカーから流れてきたイージーリスニングのような演奏に「歌が入ってないじゃないか……」と、ものすごく落ち込んだのだった。

その程度の音楽知識しかなかった年頃。RCをソウルフルだと言われても、ソウルフルすら訳せない。RCはその頃全盛のフォークともぜんぜん違うし、日本のロックという表現もしっくりこない。

「RCはRCとしか言えないな」と、私はいたって単純だった。人に伝えるときにはっきりと「何々みたいなもの」とは説明のつかない、ジャンル分けのできないものを好きになりはじめたのかもしれない。RCと同じようなバンドはひとつもなかったし、たとえるジャンルも知らなかったのだ。

初めてのライブ

1973年8月12日、ついにRCを観に行く夢がかなう。

横浜公園野外音楽堂。いまは横浜スタジアムになってしまったけど、当時は木々に囲まれた公園に音楽堂があった。友達と連れ立って昼間のコンサートに出かけた。

スゴく驚いた。固まった。RCが目の前で演奏をしているんだ。音も大きくてよく聴こえる。テレビだと自分の観たいところが観られないけれど、ライブだとどこを観ても自由だ。

スゴい、スゴい。まわりに観ている人が大勢いてキャーキャーにぎやかだ。テレビで観るときはいつもひとりか、兄とふたり。今日は友達もいっしょで楽しかった。

しかし、曲と曲の間で、スゴいことがあったのだ。清志郎がしゃべった。

「夕方になって陽もかげってすずしくなりました。昼間、楽屋が暑くてたまらなかった。しかも係のオンナがちょうどメンスだということで……」

えぇ！

お客さんはキャーキャー言ってる。

「臭くてたまりませんでした」

びっくりした。恥ずかしかった。RCってこんなこと言う人たちだったのか……。

でもまぁ、いいか。今日は写真も撮ることができたし、清志郎がステージから投げたピックも拾えたし。

そして、数カ月後、ついに私の地元の平塚市民センターにRCサクセションがやってくる。なんてことだ！　そんなことあっていいのか！

その頃、私のクラスに教育実習の大学生がいた。そのきれいな女子大生は大学の軽音楽部に所属していて、RCや古井戸など、私の大好きなバンドや音楽について、いろいろと教えてくれる先生でもあった。

な、なんと、その彼女が平塚のコンサートのお手伝いをする、というのだ。

頼み倒してRCのサインを手に入れた。彼女はきっと楽屋で彼らに目の前でサインをしてもらってくれたのだろう、そんな姿が浮かぶ。

しかし、その色紙はミミズが這《は》いずったような字で、どう読んでも、「忌野」の「忌」と「野」が崩れて、漢字でもないし、ひらがなでもない……けど、読もうと思えば漢字に見えないこともない。どっちかというとアラビア語に近い。すんごいテキトー。色紙にはそれしか書かれてなくて、なんだかわからなかったけど、それでも宝物にしていた。サインなんて読めないものなんだろうと納得した。

やっぱりライブはスゴかった。テレビの何倍もスゴかった。目の前で楽器が鳴って、歌が聴けるってスゴいんだなぁ。

楽屋からの出口はここだろうと当たりをつけて出待ちをしてみた。私たちは、RC

にはとうとう会えずじまいだった。対バンだった海援隊の武田鉄矢が出てきて、もらったサインはリアリティの塊だった。

「ミミズの忌野」には現実感がなかった。

いま思うと、こんなささやかなプレゼントをすごく大きなものに感じた気持ちはとても大事で、それがずっと忘れずに私の根にあるファン心なのだ。ＲＣファンと接するときに、この同感する根があることで彼らを理解できる。ちょっと自慢の、この誇るべき根。

どうしても、一回は「渋谷ジァン・ジァン」に行ってみたくて、親を説得した。5人の友達と出かけた渋谷は修学旅行みたいだった。

狭いライブハウスという場所に驚き、ＲＣが身近すぎて驚いた。帰りは親たちの代表が平塚駅まで車で迎えにきた。

中学生の女の子が渋谷のライブハウスまで音楽を聴きに行く。当時はちょっとませていたかもしれない。あまりにも音楽に熱心な子どもたちを、親はときどき大目にみてくれた。

そのうちに念願のギターを買ってもらって、集まってはRCや古井戸やエレックレコード系のグループの曲を練習し、ヘタクソなのに女の子グループで謝恩会に出たりもした。

『シュー』『ぼくの好きな先生』『けむり』と並んで『岬めぐり』（山本コウタローとウィークエンドのデビュー曲）も演奏曲目に入れた。「ちょっとひよったかなー」と思ったけど、『岬めぐり』はヒットしていたから生徒に受けるのだ。

ラジオ関東で古井戸の『ナイト・トゥギャザー』という番組がはじまったのは、この頃だっただろうか。ラジオの投稿ハガキで勝手に私設ファンクラブをつくったら、正式に会長に任命されたり、夜中の放送中に電話がかかってきたり……。「学校でみんなに古井戸をこんなふうに宣伝した」なんてことをハガキで面白おかしく毎週報告する。テレビではめったにお目にかかれなかったRCや古井戸がラジオで聴けた。あの頃はラジオが頼みの綱だったのだ。

どんどん楽しみを得ていく中学生は、「いつか、いつかきっとRCと仕事をするんだ！」と、そんなあり得ないことを夢に見るのだった。

『シングル・マン』の衝撃

1972年にファーストアルバム『初期のRCサクセション』を、レコード屋で予約して手に入れ、両手で包み込むように抱き、バスに乗った。RCに関することならだいたいなんでもうれしいのだけれど、とにかくこんなにたくさん曲が入っているのがうれしかった。

しかし、このジャケットには驚いた。正直ガックシきた。ジャケットの2／3は山の稜線《りょうせん》のような、丘のような、ただの黒い部分が占めていて、その頂《いただき》からメンバーが顔をちょこっとのぞかせている。清志郎は目しか出てない。顔全体が見えないじゃないか。丘なんて見たくないよぉ。

しかし、裏ジャケットは恥ずかしくなっちゃうくらいメンバーの顔が大きい。いつもはハンサムな清志郎が、心なしか、なべおさみみたいだった。なんて極端なデザインなんだ……。

セカンドアルバム『楽しい夕《ゆうべ》に』も1972年だった。このジャケットも同じようなものだ。

レンガの壁にあいた窓の中にいるメンバーの小さな写真。窓の中では数人でパーティーをしている。なんだか楽しそうなことは伝わってきた。

けど、小さすぎて、コレじゃ顔がわからないじゃないかぁ。これが清志郎か？

メンバーたちの顔がちゃんと確認できるかどうか、ファンにとってアルバム・ジャケットは重大なのだ。でも、もう期待するのはやめておこう。

『楽しい夕に』は明るい曲調で楽しいアルバムに思えた。でもやっぱり、歌っている内容は重い。ラブソングだな、と感じても、結局は、惚《ほ》れたはれたで終わらない。君が僕をわかっていてくれるから僕は存在できるのだというふうな、なにやらしつこく、せつせつと迫られるようなラブソングに感じた。そして、特別なその対象はひとりだけ、距離感がものすごく近いひとりなのだ。

清志郎の歌の世界に出てくる言葉は、きっと、だれか個人に向けて歌われていて、たくさんのファンにとって、それがおのおの個人的に響くのだ。だから、彼の言葉になにも感じない人は、一切なにも感じない。だって自分のことを歌っていると思えないから。

でも、感じてしまう人はまっすぐに感じてしまう。あぁ、自分のことを歌っていると。清志郎は、ラブソングの定番である白馬に乗った王子さまが口にするような陳腐な言葉は使わない。けれども、白馬に乗った王子さまのような僕が会いにきたよ、と言う。そうしたリアリティがバリバリの言葉は、私たちの信頼を獲得するのだ。

私は清志郎の歌声を信じられる。こんな声で歌う人は他にいないだろう。

『夢を見た』というマイナーコードのスローな曲を高校生の頃に聴いた。

この曲の中で、「きみのことを夢に見たのさ、目がさめてぼくは悲しい」とあるが、清志郎が「悲しい」と歌うと、ふり絞るようなあの声はその背景にあるものを映しだしてくるようにリアルだ。あの表現力豊かな魂のこもった声で「歩道橋」や「市営グランド」と歌うと、すぐに風景が広がる。

清志郎の声には、歌い手と聴く側のソウルをシンクロさせてしまう力があるのだと思う。

1976年リリースの『シングル・マン』は高校生のときだった。72年以降は何の音源も発売されなかったから、これはほんとうに待ちに待ったアルバムだった。

真っ白でシンプルなこの挿絵のジャケットは好きだけど、意味難解だ。しかし、やっと「RCらしいジャケットだ」と思えた。

この頃は、破廉ケンチの不調、その後の脱退に至る問題があった時期で、氷嚢《ひょうのう》を頭に横たわる獣が、まるで破廉ケンチのようにも思えた。

3人ともめちゃめちゃな衣服と装飾品、これも難解だ。この時代のRCは、ほんとに普段からこんな格好で「世捨て人ファッション」だったと清志郎が語っているのを読んで、あぁ、これが自由というものなのかな、と的外れなことを思っていた。

『シングル・マン』は衝撃だった。16歳でもそれがビシビシわかったのだ。これで立派にRCサウンドは確立を迎えるとさえ思った。

名曲ぞろい、いままでにない情感を動かす緻密なアレンジ、自由自在に飛びまわる歌声、これできっと周りはわかってくれるだろうと思った。ライブで聴いたことのある馴染みの曲も、粗削りな印象と異なって、ここでは立派な音で着飾っていた。

しかし、意気込んで新しい友達に聴かせてまわったのに不発だった。友達にも、ましてや世間にも、ぜんぜん相手にされなかったのだ。

やっと、ときどきならばコンサートに行けるような年頃になったというのに、ほとんどライブはない。私はRCに飢えていた。渇望していた頃のオアシスのようなアルバムだった。

でもこの時代、『スローバラード』も、そのあとの『わかってもらえるさ』も、わかってもらえなかった。

「わかってもらえるさ　いつかそんな日になる　ぼくら何もまちがってない」という歌詞、あんなに良い歌なのに、飛ばずに空中分解してしまった。

ライブハウス

中学校卒業と同時にRCファンの友達とは離れてしまった。RCも目立った活動が減ってきていた。ホリプロから新しい事務所に移行する時代で、いわゆるホサレた時期である。

私は「青春ベンチ」の小島さんと同じ高校に入学して、またいっしょに同じバスケット部に入り、イヤでも大量に汗をかくキビシい毎日だった。音楽を聴いたり、ギターを弾いたりもしてはいたが、この高校にはRCの「ア」もわかる人がいない。

入学してすぐ、ベンチの小島さんがキャロルを観に行こうと言いだした。それじゃ、中学時代の音楽好きを集めようと話が進んで、6人くらいで「日比谷野外音楽堂の解散ライブ」に出かけた。

1975年の4月。野音は初めてで、木々に囲まれたとても気持ちのいい場所だなあと思ったところに、特殊効果の火がアンプに引火して燃えちゃって、消防車がきちゃって、大騒ぎになっちゃって、伝説のライブってことになってしまった。キャロルは燃えてるのにRCはくすぶっていた。けれど、RCの火種はまだ私の中で燃えている。

初めてひとりで行った「渋谷ジァン・ジァン」は、大人の雰囲気が充満していた。周囲は年上ばかりで、自宅から渋谷まで1時間半弱、そう遠くはないのに、「ド田舎からわざわざきた高校生」を感じずにはいられなかった。

「ジァン・ジァン」は渋谷の公園通りをちょっと上がった「東京山手教会」の地下にあった。整理券とかはなくて、入口に順番に並ぶ。大体、2時間くらい前にたどり着けば前のほうの席に座れる。ちょっと気を許すと、ズラーッと長い列ができていて、悔いたこともあった。

大人のお姉さんは、並んで待っているあいだ本を読んでいる人が多かったように思う。静かに並んでいる。そう、ひとりで見にくる人が多かったんじゃないだろうか。「ジァン・ジァン」ではワイワイつるんでいるという人はあまりいなかったように思う。私もひとりが多かった。

まぁ、友達にとってはそれほど好きでもないバンドのライブに、いっしょに行ってもらうのも気が引けたし、なにかひとりだけでRCにゆっくり浸りたい、堪能したい、そんな気持ちもあった。

ライブの約2時間は、すぐに過ぎてしまう。新曲があるとしっかりと頭にたたきこんで覚える。馴染みの曲は口ずさめる。帰り道にこのうれしさをだれかと語り合えないのがちょっと残念だったけれど、そっと録音したカセットを早く聴きたくて電車に揺られるのも楽しかった。

「新宿ロフト」にも行ってみたいと思った。RCのスケジュールの中ではよく見る名前だったから。

でも、知らないライブハウスって、少しコワい気もする。だいたい地下にあって、どこか「悪の巣窟《そうくつ》」を想起させる。その点、「渋谷ジァン・ジァン」はどことなく品があって安心だった。シャンソンや津軽三味線、ひとり芝居や朗読会など、広く文化的な感じもあるからか。

「ロフト」は新宿小滝橋《おたきばし》通りにあるらしい。西口からまっすぐ歩けばいいだけのはずなのに、場所がわからなくてウロウロ迷ってしまった。開場前に並ばないと、良い席が取れないとあせる。公衆電話を見つけて「ロフト」に電話をかけた。

「いま、周囲にはなにが見えますか？」

と訊かれ、「みわ銀行」と答えたら、受話器の向こうの感じのいいおにいさんは笑いだした。

「それ、三和《さんわ》銀行でしょ」と。

田舎の学生丸出しだ。田舎には地方銀行しかなかった。あれは……「サンワ」か。

「ロフト」は公衆電話のすぐ目の前にあった。チケットを買うとき、笑いながら「みわ銀行の人ね」って念を押された。この日のお客さんは5人くらい。余裕で座れた。

RCに飢えていた高校時代。ときどき、ライブハウスにRCの名前を見つけては出かけたりしていた。が、レコードはシングル『わかってもらえるさ』が出たきりで、新譜の噂もまるっきりない。それでも私は、早くRCの仕事がしたいと思っていた。

大学受験は、はなっから考えていなかったし、学校が推薦する大学にはひとつも興味はない。興味の湧いた大学の推薦入試を受けてはみたが、面接官に、「欠席が多いから無理。受験を勧めます」と言われる。いまさら受験勉強しても遅いと、みんな放り投げてしまった。

あの頃、何を考えていたのだろう。いま、自分に訊いてもボーッとしていて、なんだかわからない。勉強したと言えるのは現代国語の授業だけ。あとの成績は落ちるばかり。それに、一時期、朝、部屋から出るのがすごくイヤになったりして、心配する母親とケンカした。欠席数が多いのはその頃のだらしのない生活のツケだった。

バスケットだって、責任感でやっていたようなもので、練習が辛くて、やってる意味なんかわからなくなってたし、友達がいたから続けていられたようなものだ。まわりの同級生がみんなしっかりしてきて、気がついたら取り残されてたって感じだった。

卒業まであと1カ月くらいだったろうか。進路室でペラペラめくったガイドブックの、募集人数が極端に少ないこぢんまりしたデザイン学校が目にとまった。しかしすでに定員数に達していて募集は締切られている。

他のまだ募集している学校でいいじゃないかと言っていた進路指導の先生が、翌日、学校にかけあってくれて、どうにか入学許可がおりたのだった。私の名前はあいうえお順の名簿の最後に載っていた。

四谷三丁目にある学校まで片道2時間かけて通った。描くことは好きだったから卒業はできた。しかし、卒業のあとはどうしよう。RCの事務所は相変わらず社員を募集していないし、この先行きたいところもない。

RCは3年ぶりに『ステップ！』というシングルを発売して、アコースティックからエレキに持ち替えた頃だった。そろそろ私も20歳を迎える。

卒業間近、『宣伝会議』という広告専門誌に載っていたコピーライターの養成講座に通うことに決めた。当時、コピーライターやアートディレクターといった広告関係の横文字の職業が目立って注目を浴びていた頃だった。私は、何かにしがみついてでもコピーライターになりたいとは思っていなかったけれど、その講座へ行くことにした。

50ccスクーターのキャッチコピーを宿題に出されたことがある。その講師は糸井重里先生。金額が成績の評価には「20000円」と書いてあった。その講師は糸井重里先生。金額が成績だなんてちょっと変わっている。まわりの人もだいたい20000円。

たしか、バイクを手に入れて坂道が楽になって良かった、遠くにも行ける、みたいなコピーを書いたと思うが、もう忘れている。20000円の横に、「楽になった、遠くに行ける、そこからどうなるか……その先を書くのがコピーです」と、アドバイスが記されていた。そっか、バカだなぁ、私って。

RCの所属事務所「りぼん」に連絡をしても、いつもきまって「社員の募集はしていない」という返事ばかりだった。私は、その後「上級コース」の試験を受けて、また半年通いはじめた。

最前列

1979年大晦日、浅草国際劇場で行われたロックフェスティバルに、RCファンの友達と出かけた。79年の野音のコンサートで意気投合した何人かのRCファンだ。その頃、私はどうにかしてRCの事務所へ入社するためにいろいろな手を考えていた。

実家は平塚の北にある「伊勢原」という大山を擁する田舎に引っ越していた。小田急線で新宿や渋谷までは1時間だけど、やっぱり音楽の情報というものが入ってこない。駅前には小さな個人経営のレコード店が1軒あるだけで、ロックな雰囲気はまるっきりしない。

その頃の情報誌といえば、『ぴあ』や『シティロード』。映画やライブ情報が載っている雑誌だった。この雑誌をくまなく読んで、RCのコンサートを企画している会社を見つけては電話しまくった。なぜならば、所属事務所「りぼん」自体が社員を募集していないからだ。

いつ電話しても結果は同じ、「募集する予定はいまのところありません」。ずっとこんな調子だった。まぁ、当たりまえの話ではある。ライブはあるにはあるが、RCは人気もないしお客さんも少ないし。そんな事務所が新社員を募集するなんてありっこないのだ。

しかし79年には変化があった。ジョニー、ルイス&チャーの前座でホール級のコンサートが続き、12月27日は日本武道館だ。チャーがツアーのサポートでRCを誘い、彼らを救ったのだ。

いや、大げさではない。チャーは救世主だった。ホントにこの一連のコンサートがなかったら、RCはこのまま浮上できなかったかもしれない。それほど重要な出来事だったと思う。

大晦日の浅草国際劇場のまわりは、ロックのファンでいっぱい。見わたすかぎり、ここだけ違う人種が溜まっていた。

オープニングからずっと、観客は静かな盛り上がりだった。楽器の転換の間に私はトイレに立った。よし、きっと次あたりがRCだろう。「最前列でステージにかぶりついて観るぞ！」と息巻いて、その前にちょっとトイレ。

当時、ステージ前には警備員なんていなかった。盛り上がれば勝手に席を離れ、ステージ前や後ろで踊っていてもなんにも注意されなかった。引きずり戻されたり、蹴飛ばされたりなんて、これよりずっとあとのことだ。

トイレで女の子たちが「次はRCよね」と口々に言っているのが聞こえ、「やっぱり次か！」と、私はあわてて席に戻った。

まだはじまる前のステージを見て、私はものすごく驚いた。そしてものすごく後悔した。なんと、ステージ前には何重にも人垣ができていたのだ。

し、しまった。油断した。まさかこんなにもファンが増えているとは思いもしなかった。じわじわと人気が出てきたような雰囲気はわかっていたけれど、新宿や渋谷のライブハウスでは、まだまだ閑古鳥《かんこどり》が鳴いていたから。

遅れを取った私は、それでも前列に食い込んで盛り上がった。

スゴいよ、観客のダンスで会場が揺れてるよ。エレキ編成になったRCはステージングがガラリと変わって、清志郎はハンドマイクで飛び跳ねて歌う。過激なロックバンドだ。

ライブの最初から最後まで、踊りまくって、ちょっと悲しくなってグッときて、大声出して歌ったり、お祭り騒ぎのこんなバンドが話題にならないはずがない。やっぱり私は正しかった。感動と嬉しさの反面、これから先、RCはどんなふうに売れていくのかな、手の届かないところに行ってしまうのかなと、ちょっと寂しくなった。

ステージの上に飛び乗った女の子を清志郎が抱きしめてキスをしていた。その娘は当時、必ずステージに上がってはキスをし、ファンならばだれでも知っていた。それを追ってステージに上ってしまうファンが、しばらく続出した。

成人

1980年1月の『渋谷屋根裏4Days』に大成功したRCは、完全に上昇気流に乗った。

2月に渋谷公会堂、4月に久保講堂のワンマンライブ、そして日比谷野音のイベント、『唄の市』、夏の野音、秋には学園祭、クリスマスの渋谷公会堂、ホールツアーと年間80本のライブを一気に駆け抜けていく。この年に、これからのライブ展開の原型がすでにできあがっている。

ライブ盤『ラプソディー』はこの時代のRCを象徴する勢いをもって、『トランジスタ・ラジオ』は、密室にいたRCを、広い場所へと連れていった。

私は成人を迎えた。コンサートも頻繁《ひんぱん》に観るようになった。デザイン学校時代の友達である田中さんと仙台までコンサートに行ったり、渋谷屋根裏や都内のライブハウスの帰りは彼女のアパートに泊めてもらったりした。ライブも友達といっしょだと楽しい。

RCのコンサートのアルバイトもはじめた。イベント企画会社に電話して、ライブでアルバイトを募集していないか、あくまでもしつこくならない程度に、しかしどんなことでもします的にアピールしたのだ。

「アダン音楽事務所」という渋谷「東京山手教会」の上にあった会社に、一度アルバイトの面接に行ったことがある。

なにができるかと訊かれたので、大した特技はないけれど学校の授業で習ったレタリング文字なら書けると言うと、「マスコミ受付」とか「当日券」とか、ライブ会場で使う案内カードを頼まれた。私はまるで学校の宿題のように仕上げた。しかし、レタリングの授業はキライで苦手だったから、完成したものは案の定、人様の前に出せるような出来映えではなかった。でも、仕方がない、これしかできないのだから。

恐る恐るカードを持っていったら、意外にもそのヘタクソな案内カードは重宝がられて、ライブの入り口で使われていた。「ライブ会場」で使われたっていうのがミソなのだ。私にとってはそれが重要だった。

その縁で、秋の野音（日比谷野外音楽堂）では、RCと、上田正樹とサウス・トゥ・サウスのジョイントコンサートの楽屋ケータリングのアルバイトが回ってきた。私にとっては夢のような仕事だった。

神奈川県にあるイベント会社でも、何回かライブの楽屋の手伝いをしたこともある。とにかく都内で探すのは難しい。ならば神奈川県はどうだろうと、「音協」などの募集に応募した。相模原近辺で行われるコンサートの楽屋ケータリング。

でもコンサートの数もあまりないし、あってもそれはRCではない。やっぱり充実度に欠けた。

しかし、とうとうその会社がRCを相模原に呼ぶときがきた。そのときはアルバイトではなくて客席でRCを観ることができた。終演後に楽屋を訪ねることもできた。

12月、アルバム『プリーズ』がリリースされ、ついにチャート上位にRCサクセションの名前が登場するようになる。クリスマスには渋谷公会堂でコンサートが行われた。

爆発

1981年、RCはこの年の全国ツアーで、90本のライブをこなしている。特に4月や6月、10月、11月は、なんと1カ月に15カ所、2日に1回はステージに立っていたことになる。まるで運動部の合宿ように、RCの「ライブ筋肉」が増強された時期だろう。

私は、コピーライター講座の上級コースも終わり、本当に、今度こそ、ついにすることがなくなった。事務所は相変わらず社員の募集はしていない。

その頃に、JICC出版局（現宝島社）から『愛しあってるかい　RCサクセション』というRC色満載の本が出版され、それを追うように他の誌面でもRCが次々と取り上げられ、広くファンの目に届くようになっていった。

私はRCのライブ評やレコード評を書いては雑誌の投稿欄に送っていた。『ヤング・ギター』では、ときに常連として掲載されて、「RC大好きのたまきさんからまた投稿がありました」って感じに前置きを書いてくれたりした。

することのなくなってしまった私は家業の手伝い、事務職のアシスタントに就く。たとえいつか辞めることがあっても周りの人には負担にならないような仕事にしてもらった。

そして、このまま上昇していくだろうRCはきっとかなり近いうちに社員募集をするに違いないと、そんな日を待ち望んでいた。なぜだか「募集がかかれば入社できる」と、いともシンプルに考えていたのだ。受かるかどうかもわからないのに。

12月24日、クリスマスイブに武道館でコンサートが行われた。これが記念すべき1

回目のクリスマスライブだ。そこに集まった観客たちの熱気、湧き立つような陽気、やっぱり武道館ライブには何か大きな「気」が集まる。その中にいることだけですでにプレゼント。電車に乗って駅に着いて、あの武道館までの坂道を歩いているときからはじまるプレゼントなのだ。

武道館に入るとレコードを販売していた。『BLUE』だったか、新譜をその場で購入すると特典が付いてくるのだが、すべてを持っていた私は、売り場にいた男性にかけ合った。「違うものを買って特典いただけますか」と。ひょっとすると、

「なにか買うから特典ちょうだいー！」

って感じだったかも。

いや、思い出した。自分が付けていたバッジ、これは清志郎にプレゼントしたものと同じバッジだから、これと特典を交換してください、と言ったのだ。その男性は話のわかる人で、

「そうか、仕方ないなぁ」

なんて言いながら特典と交換してくれたのだ。「ロックだなー、この大人の人」っ

て、うれしかった。

いま思うとあの彼は、キティレコードのRC担当の有名なディレクターだったのだ。清志郎の自伝の著者でもある。後年に彼にその話をしたことがあった。

「あぁ、あの田舎っぽいブサイクなオンナはオマエだったのか」

とロックな口調で迎えられた。

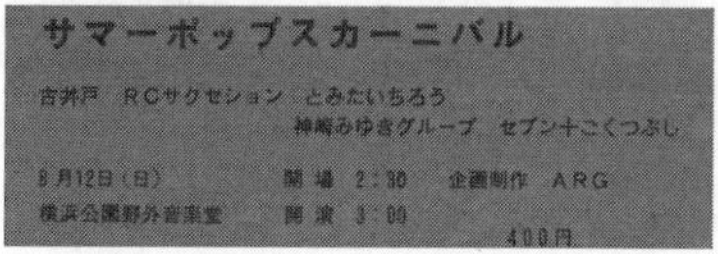

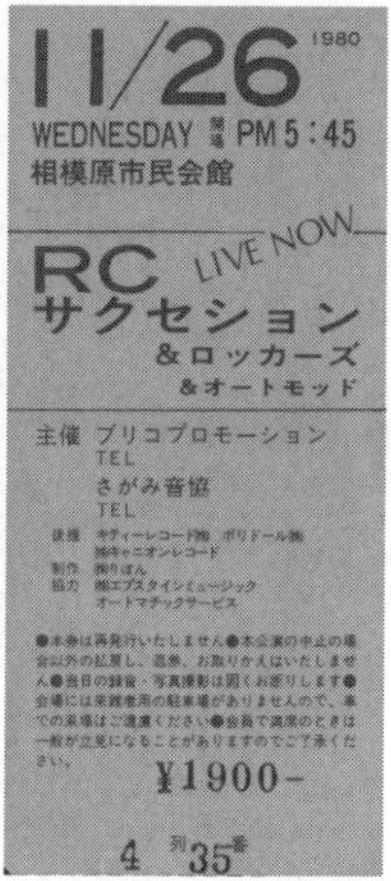

当時通ったRCサクセションのライブ・チケット

さまざまなバンドが共演していて時代をしのばせるライブのフライヤー

ここにも歌がある。未来へつき進む青年の歌がある。
RCサクセション
RCサクセション・ミニコンサート
7月30日(土) 荻窪ロフト P.M. 7:00～
8月19日(金) 新宿ロフト P.M. 7:00～
このほかにもスケジュールがはいっています。
お問合せは なかよしグループ までど～ぞ。
ポリドールレコード

RCサクセション
入場料
前売り 600円 (全席自由)
当日 ¥800
11月1日(土)
1:30PM 開場
2:00PM 開演
女子美大体育館
(お問い合せ) 女子美祭実行委員会

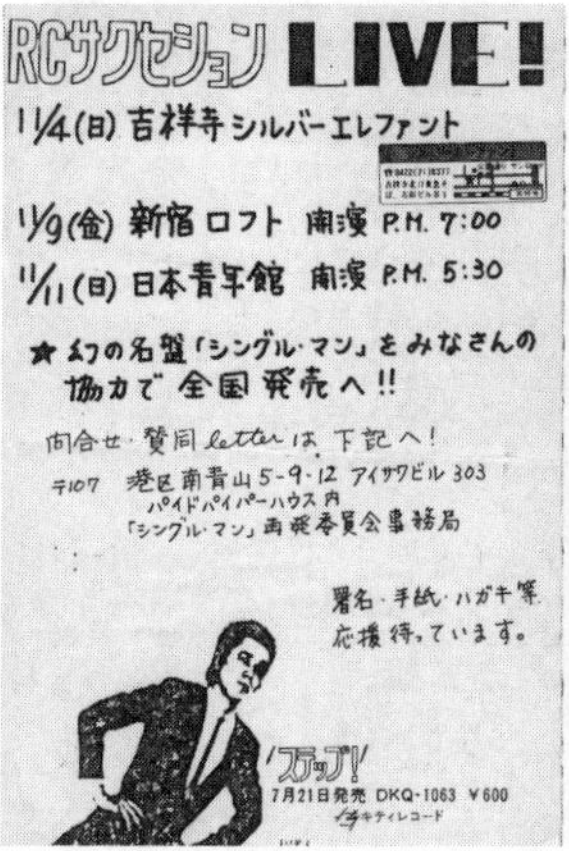
RCサクセション LIVE!
11/4(日) 吉祥寺シルバーエレファント
11/9(金) 新宿ロフト 開演 P.M. 7:00
11/11(日) 日本青年館 開演 P.M. 5:30
★幻の名盤「シングル・マン」をみなさんの
協力で全国発売へ!!
問合せ・賛同letterは下記へ!
〒107 港区南青山5-9-12 アイサワビル 303
パイドパイパーハウス内
「シングル・マン」再発委員会事務局
署名・手紙・ハガキ等
応援待っています。
「ステップ!」
7月21日発売 DKQ-1063 ¥600
キティレコード

Live
RCサクセション
RCサクセション・ニューシングル
5/21発売 DKQ-1084
しげてるぜ
¥600
キティ・レコード
RCマニア必読の月刊 経営新聞。購読希望の方は (株)りぼん まで。
RC SUC. イベント・スケジュール
4/7 栃木会館(小ホール) 開演 PM. 6:30 問い合わせ SWAT
4/15 茨城県民文化センター チケット ¥1,500 TEL 0286-21-5441
4/20 日比谷野外音楽堂 開演 PM. 4:00 チケット ¥1,500 TEL 496-1306
4/27 開演 PM. 2:00 チケット ¥1,000 TEL 462-5181
開演 PM. 6:00 チケット ¥2,000
6/9 埼玉会館(小ホール)
11 千葉教育会館
13 横浜教育会館
開演 PM. 6:30
チケット ¥1,500

運命を変えた一冊といえる『RCサクセションのすべて』

第二章　開かれた扉

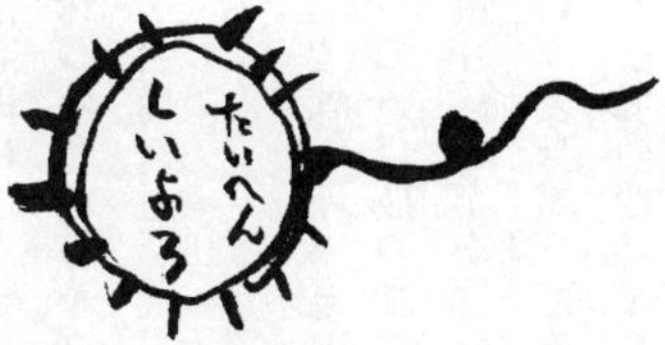

就職活動

初めてＲＣサクセションを見てから10年がたった。ＲＣは急激に世間に知られるようになってきていた。過激に殺気立った清志郎は、ときに温かく、柔らかく、哀しく、抜けたように明るく、いくつもの場面を味わわせるライブは本当に見応えがあった。どこか遠くに連れていってほしくてライブ会場に足を運ぶのだった。そうだ、こんなバンド、世間が放っておくはずがないのだ。

売れない時代を過ごし試行錯誤を繰り返して、５人編成のロックバンドに変わった。視線を下に向け目を閉じ気味にして歌っていた彼のまぶたは青く塗られて、細い切れ長の目は大きく黒く縁取りがされた。頬も唇も赤く。なによりもギターを弾かずにハンドマイクで踊っているのだ。なんという変身ぶりだろう。

３人時代を知っている私だからか、ここまでの変身ぶりをやってのける清志郎とリンコさんには正直驚いた。私は3人のRCが大好きだ。もし、いまもあのままだったとしても、私の気持ちは変わりはしなかっただろう。

でも、きっと火がついて売れるようなこともなかったはずだ。いくら才能があったとしても、迷っているのがわかってしまう。どんどんと暗くなるばかりで、聴いている方も辛く、お金を払ってまで聴きに行く人は減る一方だっただろう。

けれど、エレキに持ち替えたとき、RCは折しも世間がフォークからロックへ移行していく時代の波に乗った。なによりも確信するのは、埋もれていきそうになった清志郎の才能が、そのまま変わらずにそこにあったことだ。時代の波に乗ることは、波がきてからではもう遅く、乗れたとしてもうまくはいかないかもしれない。波乗り技術も才能も十分にあった。あと必要なものは波だけ。その波も自分らで作ってしまったみたいだ。

ステージパフォーマンス、歌詞、曲、メンバーのバランス、どこをとっても足りないところは見当たらない。理想のメンバーがそろって、清志郎が決断したときにすべてがはじまった。長い時間がかかったけれど、やっとここまできたのだ。

観客はそれをRCからのプレゼントとして喜んで受け取るだろう。

清志郎は、

「朝起きたら、売れていたって感じだった」

と言っていた。

RCの人気が坂を駆け上がりはじめる前、RCの私設会報誌『軽罪新聞』が発行された。新聞は、ライブ会場で配布されたり、送料分の切手を送れば手に入る。これがまたセンスの良いオチャラケたっぷりで、ファンには手が届かないようなあのメンバーが、誌面ではいとも簡単にイジラれていた。不定期発行だったけれど、毎号とってもたのしみにしていた。

なんと、その新聞の紙面に、「社員募集」との記事が載っていたのだ。

叩いても叩いても開かずの扉は、ついに開かれた。

いままでにないくらいに私は慌てて、なにしろ早く電話をしないと他のだれかに決まってしまう、いや、採用は先着順ではないだろう……。まるでライブのチケットをいち早く入手するように電話をかけた。

面接官は川口さんという女性だった。緊張していたのだろう、いまとなってはあまり覚えていないのだけれど、印象に残っているのは「優しそうな人でよかったなぁ」と思ったことと、渋谷区神宮前という都会のわりには、地下鉄の駅から一本小道に入ると古い家々が並び、その小道を何回か曲がるとなにか都会感が薄れ、どこかで見たような景色になってきて、ちょっと安心したということぐらいだ。

私が最初の面接で、最後の面接だったらしい。履歴書はたくさん集まったようだけど、その幸運の矢が命中したのはこの私だったのだ。

採用の電話を受けたときは、ぶっ飛んだ。朝日を拝むように晴れ晴れしたし、夏の太陽の下でバンザイをしているみたいに気持ちが良かった。

母親も祖母も、なにしろ家族みんなが喜んでくれた。父親は「音楽事務所」だって説明してるのに「興行師」だと言う。だけど内心はうれしそうだ。「ベンチ小島」にも連絡をした。まるで自分のことのように大喜びしてくれた。

これから片道2時間の通勤がはじまるだけなのに、まるで故郷をあとにするような気分だった。ＲＣが上昇気流に乗ったとき、私も階段をひとつ上がったのだ。

私の仕事は、デスクと『軽罪新聞』のアシスタントだった。

「りぼん」の事務所内の男性は、みんなそろって長髪でジーンズ姿（なかには毛の薄い人もいたけれど長髪だったからカッコよい）、白い壁にはシーナ&ロケッツの大きなポスターや、『い・け・な・い　ルージュマジック』のポスターがバンバン貼ってあって、昼でも夜でも「おはようございまーす」とあいさつするし、音楽事務所というところはこんなに楽しい雰囲気なんだなぁと思った。

マンションの1階に「りぼん」、2階には「なかよしグループ」という会社が入っていて、それは当時いちばん流行っていた女の子向け漫画雑誌のタイトルと同じだ。そのセンスがすでにもうカッコいい。

清志郎と最初に事務所で会ったときのことは、一枚の絵となって思い出せる。ちょうど事務所に来ていた清志郎が、川口さんのデスクにスタッフ然として座っていた。彼女が新入社員だと私を紹介してくれて、顔を見合わせると、笑った清志郎の前歯が1本なかった。それにはとても感動した。テレビで見ていた歯と同じだったからだ。おんなじ人が目の前にいることに戸惑って上がりまくった。

戸惑ったことはまだまだあって、男性のしゃべっている言葉がまるで世間と違う。逆さ言葉とかバンバン飛びかってたり、5千円のことはG千（ゲーセン）、1万円は

C万（ツェーマン）、ドレミのドイツ音階を数字にあてはめる業界独特の呼び方だ。エーマンデーセン……なんていったいなに？　って感じだ。

外出するときには黒板に行き先を記入する。例えば、「渋谷打ち合わせ」とあるが、それはパチンコのことだったり、ストレートに「たんぽぽ」と店名を書く人もいたけど、その打ち合わせは何か？　どこ？　渋谷はホント？　実はマージャン？　そんなことがわかるようになるのもデスクたるものの必要なんだなと思った。

最初はわけもわからずに、外出から戻った人に「ごくろうさまです」と声をかけていたら、奥田義行社長に、

「ごくろうさまはないなぁ。カッコ悪いなぁ。おつかれさま、だな」

と言われた。

そうだった、ごくろうさまは目上の人に使う言葉ではなかった。なによりやっぱり業界は「おつかれさま」がカッコいい。

所属アーティストのライブや関係しているバンドのライブにタダで行けるのはすごく魅力だった。奥田社長に、ライブを観に行ったらレポートを書いてみなさい、と言われて、私は、そのバンドについて、編成や特徴、感想、なんでも書いて奥田社長に

見てもらった。ステージ上の並びの絵も描き添えて工夫してみたり、どうしたら自分の感じたことが奥田社長に伝わるのか考えた。

その他にも、電車に乗ったとき、向かいに座っている人たちを観察すること、そして想像すること。たとえばその人がどんな家族構成をしているか、仕事は何だろう、音楽は好きだろうか、どんな音楽を聴くのだろうか、そういうことをいつも心がけなさいと教えてもらった。

私は、長い通勤電車の中で実行してみた。自分の中で、質問と答えをくりかえして考える。

「してみなさい」と言われたこと。とてもありがたいと思う。奥田社長が、私の入社を承諾してくれなかったら、いまの私はない。

82年5月5日の『ヘンタイよいこ 白昼堂々秘密の大集会』というイベントに『軽罪新聞』の取材で川口さんに付いて出かけた。初めてRCの楽屋というところに入ったら、目の前にはチャボと清志郎がいて、見たことのある衣裳がたくさん散らかっていて、目のやり場に困ってしまった。

レコーディングスタジオにも川口さんに連れて行ってもらったりして、メンバーにインタビューをしたり、写真を撮ったり、RCがいっきに身近になってきた。これは夢ではない。だが、現実の中の夢のような出来事に慣れるまで、しばらくは浮き足立っていた。

当たりまえだけど、その年のRCのコンサートはすべてスタッフとして会場にいた。

そして、しばらくして、半年くらいあとには、RCの全国ツアーに同行するという仕事を命じられるのである。

とまらないツアー

81年頃、RCは年間90本以上をこなすツアーバンドになっていた。メイクをバッチリした清志郎は衣裳もドギモを抜くほど派手になって、アクセサリーもジャリジャリ増えまくる。他のメンバーも然り。なにしろ衣裳類は増殖しちゃって大きな荷物となる。

こうなると、到底、ローディー（楽器担当）の兼任では扱いきれなくなってくる。ここはひとつ衣裳管理専任のスタッフが必要だということになり、新入社員の私に話が回ってきた。私はアシスタントデスクとファンクラブの会報の仕事もしていたので、ツアーに出れば取材もできて一石二鳥。

しかし、ちょうどその頃、事務所内では「宣伝担当」というポジションが空き、そちらへの選択の余地も生まれた。どうしようか……少し迷ってはみたものの、私は「洗濯」を選んだのだった。いやいや、ホント、「ツアーの衣裳係は洗濯の仕事」からだったのだ。

ツアー一行はメンバーとスタッフ、舞台監督、音響、照明、ローディー、合わせて二十数人の男性ばかりの一団である。そして一度旅に出ると、少なくとも1週間くらいは東京に戻らない。82年の後半のツアーが、私の衣裳係のデビューだった。9月26日の初日が姫路市、そこから7カ所続き、10日後の四日市市民会館を終えてやっと戻ってくる。と、その後は東京近郊、北陸、札幌、沖縄、東北、九州、北海道、そして山陽に行ってそのまま名古屋3日間。各月12、13カ所ずつのライブで走り続けて12月

24日の日本武道館で最終日を迎えた。はじまったら武道館までとまらないツアーだ。

RCの人気はうなぎ昇りだったし、2月にリリースした『い・け・な・い ルージュマジック』が、オリコンチャート1位を獲得、清志郎は『ザ・ベストテン』にも出演して、あのキャラが身近なお茶の間にも届いた時期だ。

10月にリリースしたアルバム『ビート・ポップス』はオリコン2位。RCの勢いはとどまるところを知らない。こんなハードなツアースケジュールにも納得ができる。私のデビューツアーはこんな感じだった。私もびっくりしたけれど、なにより家族も驚いていた。やっと就職したと思ったら、今度は何日も何日も家に帰ってこないのだから。

さて、「洗濯」を選んだ私は、そんな男臭い一行に囲まれて、行ったこともない日本中をくまなく旅する子羊となる。それまでに東京以外に行った地方といったら、修学旅行の思い出の京都、九州、友達の住む山形くらいと、なさけないほどの旅経験だったので不安もおおいにあった。だけど、期待のほうが勝った元気な子羊でホント良かった。

当時、衣裳という仕事の女性がツアーに同行するのは初めてらしく、どの土地に行っても、イベンターさんや地元の会場の職員（通称、小屋付き）さんにとても珍しがられ、

「日本全国、全部いっしょにまわるのですか？」

と驚かれた。

ツアーには出たけれど、いったい何からしたらいいのか。最初のうちはそんな初歩的なこともわからなかった。東京を発つ前にノートを1冊――ポケットがついて3分割になった分厚いノートを1冊用意した。それを記録ノートにして、なんでもかんでもメモっていった。捨てられない紙切れなどは、なにしろポケットにつっこんだ。

ツアー初日、楽屋でそのノートの裏表紙にメンバー全員からサインをしてもらった。このあたりファン心理丸出しだったが、丸出しでかまわないやっ、と思い切ってお願いした。ただのノートがなんだか立派になって、これはきっと宝物になるだろうなと思った。

さあ、今日から、お手本もないツアーでの仕事をどうにかこなしていかないといけない。メンバーはどんなことを必要としているのかなー、そのために私にはなにが必

要なのかなーと、考えることは初めてのことばかり。だからこそ自由に組み立ててい
けるだろう——他のだれでもない、私が考えて実行していくことなのだ。そう思うと
勇気のようなものが湧いてくる。

スタッフの仕事は、ステージを作りあげるところからはじまる。メンバーが会場入りするときには、すべての準備は終わっている。当然、朝早く、夜遅い。メンバーとは別行動だ。

しかし、衣裳係というちょっと毛色の違った私は、基本、メンバーと同じ移動で、いつもメンバーといっしょだった。

駅のホームに着くとワッと集まってくる追っかけファンに混じって歩くと、まるでファン仲間のよう。しっかりついていかないとファンに弾き出されてしまう。どこへ行っても大勢のファンが待っていた。去年までの自分がいるようで微笑ましい。

しかし、いまはスタッフサイドだ！　と言ってはみても、こうしてファンといっしょにメンバーにくっついて歩いていると、なんだかあんまり変わってない気がしないでもない。

会場に入る前に一度ホテルにチェックインして、私はメンバーよりも早くホテルを出発する。そして会場に着くと、忙しく働くスタッフにあいさつをして、まだ静かな楽屋に入る。楽屋の準備。まずはこれからはじめる。入り口に衣裳が入った各人のスーツケース（海外で買ってきたバカでかいもの）が置いてあり、それを各メンバーの化粧鏡の前に配置する。

もちろん、最初はこんなことも自発的に思いつかなかった。楽器まわりのスタッフがメンバーそれぞれの座る位置を決めてくれていて、スーツケースやカセットレコーダーやらなにやらを配置してくれていた。

でも、だんだんと楽屋の様子が理解できるようになると、それも自分で決めるようになった。楽屋は大抵、壁側に沿ってズラーッと化粧鏡が並んでいて、真ん中のスペースが大きく空いているか、そこにも化粧鏡が列をなしているか、特殊な会場以外だったらだいたい差はそのくらいなのだ。

さて、どの位置にメンバーの荷物を分けるか。隅っこはチャボ、リンコさんと新井田さんは並び席が多かったかな。G2はメイク道具がたくさんあったから幅が必要。清志郎は楽屋に余裕があるときには衣裳部屋を別に用意した。他のメンバーの何倍、何十倍も衣裳があったから。清志郎の衣裳はステージを彩る重要な道具として、立派に楽屋ひとつを占めるほど大量だった。

初めの頃は、メンバーの衣裳は全部まとめて数個のスーツケースに入っていた。開けてみたら中はグチャグチャ、きっと洗濯する時間がないのだろう、生乾きのままで臭かったりした。思い出したくはないが臭いまで思い出してしまう。男所帯の大ざっぱ、そんな感じだから私の仕事は洗濯からスタートした。

ツアー中は各地でコインランドリーの場所を確認して、2時間くらいかかっただろうか、メンバーの衣裳の洗濯をする。荷物の重さが半端ではなかったから、けっこう重労働でもあった。

私が大きな荷物を両肩から下げて歩いている姿を、ツアーのゼネラルマネージャーとメンバーがタクシーの中から見かけたことがあったらしい。洗濯を終えて会館に戻るとマネージャーが、

「重いときは遠慮しないでタクシーを使いなさい」

と言ってくれた。なにしろ大きな荷物だった。おかげさまでツアーでまわった全国

の会館それぞれで、いちばん近いコインランドリーがどこにあるのか、当時は全部知っていた。いまとなってはなんの役にもたたないけど。

私の作業スペースは、だいたい楽屋の入り口に近い隅。洗濯が終わったみんなの衣裳を広げ、アイロンがけをはじめる。恥ずかしながらその歳まで、アイロンがけなんてヨソイキの洋服ぐらい、お出かけのときぐらいしかしたことがなかったのだが、楽屋でいつもアイロンをかけている私に向かって、

「アイロンがけが得意なの？」

と、清志郎が声をかけてくれた。最初のツアーだったと思う。

「いえ、得意ではナイです……」

いま振り返ると、すこし突っけんどんな返事だったと思う。ふざけて返すことなどできそうになかった。

その頃は、なにを話そうか話すことを考えるだけで終わってしまい、その先が口から出なかった。そんな感じにあがっていたのだ。

だいたい清志郎と楽屋にいてもあまり話すこともなく、あいさつが終わってしまう

と次になにを話していいかわからない沈黙の時間がよく訪れた。

そんなときに覗き込むようにしてアイロンの手元を見ながら清志郎は言ったのだ。一往復で会話は終わったような気がする。

考えてみると、楽屋の清志郎はステージの清志郎とは別人だ。どの音楽誌のインタビューでも書かれていることだが、基本は無口だ。

でも、ステージあのままのお祭り騒ぎのような清志郎がもし楽屋にいたら、騒がしくてハタ迷惑だろう。お祭り野郎って言われるだろう。逆にしっとり静かなステージの人が楽屋でワイワイうるさい人だったら、嘘っぽくてこれまた嫌われる気がする。だから楽屋ではものすごくおとなしい清志郎は、別人のようだがバランスがとれていると思う。人からとても好かれる。もちろん人柄が好かれているのだが、このバランスが相乗効果を醸し出していると思うのだ。

メンバー5人、サックスの梅津和時さん、片山広明さん、全員の衣裳のアイロンがけをするにも、なにしろ得意ではナイのだから、ズボンの折り目やシャツの折り目が2本だったり、いくつもアイロン線がついていたり、下手なことばかりだった。しかし年季が入ってくると、白いシャツの上をスーと滑っていくアイロンが気持ちよくってだんだん好きになり、鼻歌まで出るようになった。

シャツの袖の線はキチッとすればイイってもんじゃなく――いや、キチッとしていればサラリーマンのおとうさんは喜ぶかもしれない――が、こっちはロックだ。チャボはあんまりキチッとしているのが苦手だったりするので、シャツの袖のプレス線はつけないようにしたり、人から見たらけっして上手ではなかったかもしれないけれど、いろいろと独自に工夫していた。

さて、清志郎のメイク道具は、鏡に向かって左にアイシャドウやファンデーションやその類、右に筆類、そしてヘアブラシにポマード。

清志郎の象徴のようなツンツンのヘアスタイルをキープするために、強力な整髪剤を探しまわった。当時オジサンたちが使っていた油感ベットリ、テカテカの「柳屋」のポマードや、資生堂のチック、「原宿セントラルアパート」の地下にあった一風変わったメイク道具屋で見つけた「ニューナイル」というパッケージにアフロヘアのイラストが入っているポマード、そんな強力なものを選んでいた。

そして、楽屋の洗面所には、コップと「ミチノ」といううがい薬、「ヴィックス」

のグリーン色の箱のコフドロップ。これらが必需品だった。

ノドといえば、関西方面のツアーのオフ日、デパートまで行くけれどなにか買い物はないかと清志郎に訊いたら、

「黒豆がノドにいいと聞いたので、黒豆製品を買ってきて」

と頼まれたことがあった。デパ地下には瓶詰めの丹波黒豆の煮物しかなかった。惣菜ものでよかったのかなと半信半疑で買っていき、部屋に届けた。

翌日、楽屋で会ったとき、

「なかなかおいしかったよ！」

と言っていたのでひと安心した。

衣裳はできるだけすべてを目の届く範囲に広げ、ハンガーに吊るし、靴を何足かそろえた。当時、靴は青山の「ＨＯＳＯＮＯ」製のセミオーダーが主だったが、ジョギングシューズに凝っていた時期があって、ニューバランスの派手な配色のものをそろえたこともあった。

より派手な物を買ってくると清志郎は喜んだ。

「おっ、やったね。イイじゃん！」

と手に取って履き心地を確かめる。彼が履くジョギングシューズは衣裳のスーツにも不思議と似合ってしまう。

そう、靴といえば、こんなことがあった。革のステージ靴があまり汚れないのをいいことにササッとしか拭かなかったガサツな私に、たまりかねたのか清志郎が、

「ねえ、たまに靴なんて磨いたりしたら、喜ぶと思うよ」

と優しく言ったことがある。靴も喜ぶし、僕も喜ぶ、ってこと……だ。

とっても恥ずかしかったが、すごくショボくれたりはしなかった。すぐに靴磨きキットを買ってセッセと磨きあげた。

メンバーは楽屋に入ってくると、すでに自分の衣裳ケースが配置してある場所に落ち着くのだが、その周りを自分の小さな部屋みたいに散らかしていくのが人それぞれ違っていて面白い。だんだんと楽屋の中が散らかっていくと安心する。

私の作業場所は、こぢんまりと、なんでも手が届くようにコソッとした感じに作るのが楽しみだった。

たとえば、野音（日比谷野外音楽堂）の楽屋はふたつ。ひとつは衣裳部屋、もうひ

とつの大きな部屋はメンバー全員用と区切る。「野音楽屋」には付帯設備がないので、姿見、化粧鏡、カーテンのついた着替えのためのブースなどなどが次々に運びこまれる。

衣裳部屋は、会議用の長テーブルを壁際に置いてメイクの場所を作り、特大の衣裳ケースを開き、入口すぐ左に長テーブルとソファを置いた。そこで私がアイロンやら縫い物やら、いろいろ作業をする。

ソファは、メンバーの家族やスタッフ、みんなが集まってきてお弁当を食べたり、お菓子をほおばったり、大人たちは世間話をしたり、子どもたちは遊んだり、井戸端的な場所になっていた。

みんながやってきて好き勝手に座ったり、その横で私は縫い物をしたり……そんな場所がとても好きだった。そこに戻ると、次になにをするべきなのかわかるような気がした。自分の場所だった。

極上の一瞬

コーヒーや紅茶で一息入れて、メンバーはサウンドチェック、リハーサルを行う。楽屋に戻ってくるとステージの支度をはじめる。清志郎は化粧鏡の前に座り、髪を立てる。ブラシに整髪料を塗りつけ、髪をとかしていく。たまに髪をすきバサミでカットすることもあった。

そしてスティック状のファンデーションをじかに塗る。舞台化粧用の「三善」のものだ。おしろいをはたいて、アイシャドウ、アイライン、ルージュ。マニキュアも忘れてはならない。その過程をところどころ見ていると楽しい。だんだんステージの清志郎ができあがっていく。

あるとき、アイライナーで目じりにホクロを描いたことがあった。こんなところにホクロがあったら面白いね、とか、なにか話に挙がったんだと思う。ホクロは流行って、おかしなくらい大きくなったり、数が増えたりした。面白いとなんでもやっちゃう清志郎の瞬発的な発想は、メイクにも活かされていた。

地肌よりも白くなった清志郎の顔、ブルーの瞼《まぶた》、大げさに引かれた黒いアイライン、真っ赤なルージュとほほ紅。当たりまえだけど、そのあと清志郎はメイクした顔で楽屋を歩いたり、廊下を歩いたりする。そこらへんの曲がり角から出てきたりもする。あらためて考えてみると不思議な光景だ。私は慣れていたので最初から何とも思わなかったけれど、初めて見る人はさぞ驚くだろうな。あのメイクであまりにもふつうのことをしているからだ。まるでふつうに会話しているからだ。

「そんなこと当たりまえだろ」

と清志郎は言うだろうけれど。

そんな一連の仕度を、毎回、まるで儀式のように進めていく。要する時間もほぼ同じだし、やることもいっしょだ。淡々とこなす職人の手作業のようだった。

清志郎のあのメイク。友人からもらった大量のメイク用品のサンプルが、石井さんのアパートにあった。清志郎は、その頃学生だった石井さんが帰宅するのを待っている間に、置いてあったそれを使って突然メイクをはじめたそうだ。

女性がするごくふつうのメイクをしていることもあったが、サングラスの形そのものに目のまわりを黒く塗りつぶしているときもあって、振り向いた顔にメチャメチャ驚いたと石井さんが言っていた。

　衣裳を着てから、アクセサリーを着ける。昔、その順番を質問したことがあった。

「先にアクセサリーだと、衣裳を着るときに袖に絡まるだろ」

　ということだった。当たりまえだったな。

「なーに質問してんの」

　って感じだった。

　大量のアクセサリーは場所に余裕があるときには、色別、アイテム別に分けて見やすいように置いておく。その中からチョイチョイっと、つまみあげて着けていく。見るからに選ぶのが楽しそうだ（楽しそうに見えるのは女性の目からなのかもしれないな）。衣裳に合わせた配色を考えている。テキトーにしているんだと思っていたら、そうでもないのだ。

　私が担当していた80年代は、ミック・ジャガーを意識したスタイリング、可愛らしいフリルのついた女物、または80年代後半の繊細なシルエット、福生《ふっさ》の「テーラーシャルマン」でオーダーしていたコンポラからアレンジされた奇抜なスーツ、それらはスタイリストが用意して、ときに私が買い足したりしていた。

新しく届いた衣裳は、まずオープニングで着用する。途中、着替える場面があり、アンコールがあり、それらの着替えの回数分の衣裳をそろえておくのも私の仕事だった。

ライブのオープニングに着る衣裳だけは、初めの頃は清志郎が選んでいた。しかし、いつの間にかそれも私が組み合わせるようになっていった。理由は、

「メンドーだから、たまき、選んでよ」

だった。

同じ場所や近い土地などで衣裳が重ならないように、ライブごとに何を着たのか、例のノートに簡単に絵を描いて説明もつけて記録するようになった。何冊目かのときに、

「なに書いてるの？」

と、ノートを覗きこんだ清志郎に驚かれたことがある。これはいい記録だと。

「いずれ何かに役立つときがくるよ」

と言った。

そういう清志郎も、いろいろなものを捨てずにキチンと保管しておく人間だった。いま、私がそれら残された貴重な品々を目にすると、あのノートを見たときの清志郎を思い出す。

清志郎はステージ前に、準備運動やお灸をかかさなかった。これも組み込まれた儀式のように淡々とこなしていく。同じことの繰り返しを、まるでクチャクチャやりながら味を確かめているように思える。

メイクをしながら、お灸をしながら、今日の自分と話をしているのか、体に問いかけているのか、どうもなにかに対峙《たいじ》しているように感じる。同じ楽屋にいても、その時間になると無駄話ができないくらいに清志郎は静かだ。

メンバーの楽屋では、チャボのカセットレコーダーから曲が流れている。ギターをつま弾いたり、リンコさんはベースを、新井田さんは両膝をドラム代わりにスティックで軽く叩いたり、これまた静かなものだ。

ホーンセクションの楽屋では、G2と梅津さんと片山さんがにぎやかに話をはずませている。他とはぜんぜん雰囲気が違う。

片山さんはすでにアルコールで調子よくなってるし、G2と梅津さんの話題もつきない。坂田マネージャーも、この楽屋によくお邪魔していた。

サックスの「ブーロー、ブロブロ」という大きな音がこちらの楽屋に聴こえてくると、あ、そろそろ開演だな、とわかる。おしゃべりをやめて「サロン」は一時閉店。調音したり準備に入ったことが音でわかる。

清志郎は、「ミチノ」でうがいをして、ボカリスエットをボトルで2本、ステージに上がる前までに飲む。このときにはステージの清志郎とすでに同じで、体のまわりに二重くらいのバリアを感じる。オーラかもしれないし、「気」かもしれない。透明な体の形をした薄い風船のようなやわらかなものだ。

灯りが落とされたステージ袖にメンバー全員がたまり、それぞれ合図があると、ステージに出ていく。

これはすごい瞬間だ。近くにいる私も感じる高揚感。緊張とかではなく、静かに、だけど体からはいまにもはみだしそうなエネルギーが、いまかいまかと待ちわびるファンの歓声と溶け合って、どんどん膨張していくのがわかる。

ステージではイントロがはじまり、袖にいる清志郎はそのリズムに合わせ体を動かしはじめる。このあと、ついにステージにウサギのごとくしなやかに飛びだしていくのだが、その助走を開始する一歩手前で、舞台袖にいるスタッフに「行ってきます」と手をこめかみに持っていき、敬礼に似た合図をする。

当時、私は必ずその場にいたので、合図を返して清志郎を見送る。その場にスタッフがいるときは、その人たちも合図で送る。

なぜだろう、このときだけは、楽屋で仕度を終えたほぼステージと同じ清志郎とも、目前に広がるステージ上で歌う清志郎とも、感じが違う。きっと、笑っているからだ。合図をするとき、清志郎は軽く微笑むのだ。この一瞬、素の彼が顔を出す。

私は80年代に、数えきれない極上の一瞬に触れさせてもらった。清志郎は、自分のしていることが、「行ってくるぜ！」のあいさつが、極上の一瞬だと思ったことがあるのだろうか。清志郎の著作『十年ゴム消し』に、付き合っていた彼女のことを、なんて可愛いのだろう、自分で鏡を見てそう思わないのだろうか、という語りがあるけれど、なんだかそんな感じなのかもしれない。

彼の持つ無意識の魅力。そして、その魅力は、迷いとか戸惑いとかそんな感じの一切ない、明るい一瞬。

第三章　舞台袖

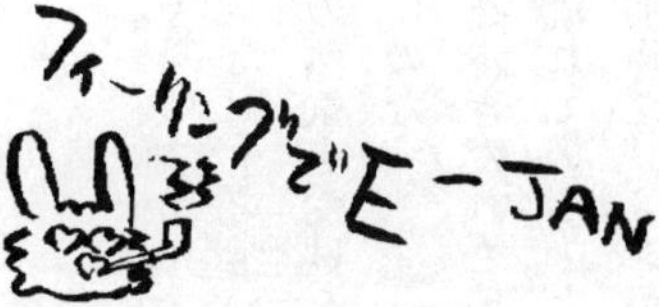

即出

ライブがスタートすると、私はステージ袖からそのまま暗がりの通路を抜けて客席へと向かう。だれもいない静まり返った廊下を歩いて、防音の重いドアを開けると、一気に音が押し寄せてくる。ファンの熱気を受けながら客席の通路をぬけて、ＰＡ席のあたりや適当な場所でライブを観るのだ。

何曲か観たところで、また暗がりを歩きだれもいない楽屋に戻る。楽屋ではモニターテレビからステージの映像だけが流れている。どこの楽屋もしーんとしている。さっきまでのあのにぎやかな楽屋とは別物だ。メンバーの楽屋からはチャボのテープレコーダーが鳴り続けている。もし、だれかが訪ねてきたら、

「みんな仕事に行っちゃいましたよー」

って答えたい。ひとりで楽屋の留守番だ。

私は衣裳やアクセサリー、作業道具をもとのとおりにしまって、ファンからの贈り物をまとめたり、ちょっとコーヒーを飲んだりする。

そのうちに、清志郎やメンバーのステージで脱いだ衣裳を、ステージスタッフが走って楽屋に持ってきてくれる。そしてすぐさま走ってステージに戻っていく。

ライブの中盤くらいのチャボのコーナーのときに、清志郎は楽屋に着替えに戻ってくる。先導するように舞台監督もいっしょになって、小走りでやってくる。びっしょり汗をかいていて、新しい衣裳に素早く着替えるのだが、だいたいこの間2曲分くらいだから、着替えに使える時間は10分から15分って感じ。

ステージと楽屋間が遠いところは舞台袖に、姿見や、着替えの衣裳や、靴や、簡単なメイク道具、ポカリスエット、タオル、ティッシュ、等々の一式をスタンバイしておいて、そこが簡易更衣室になる。小さな灯りを用意してもらって、そのもとであれやこれや済ますのだ。

楽屋に戻ってきたときの清志郎の第一声は、必ず、

「暑っつい！」

だった。

バスタオルで汗を拭きながら飛びこんでくる。

そして、

「どれ？　どれ？」

と言う。どれ、というのは次の衣裳のことだ。

鼻をかんだり汗を拭いたり、トイレに行ったり、メイクをちょっと直したり、短い時間の中で、いろいろと忙しい。

そして、少しはさっぱりした様子で、また楽屋を出ていく。

汗を吸った衣裳は短い時間でも楽屋にサッと干し、それから、清志郎用のアンコールの衣裳を用意して、コンサートグッズのTシャツのカッティングをはじめる。

たぶん82〜83年くらいからか、アンコールの最後はツアーグッズのTシャツを着ることにしたのだ。ファンがそれを見て、帰りに売り場に足を運んでくれると、グッズの売れ行きも上がって物販の亀村くんが大喜びするし、清志郎は最後にそれを脱いで客席に投げるから、ファンは狂喜乱舞で、私の洗濯物は1枚減る。いいことづくしなアイディアだ。

清志郎はご丁寧《ていねい》にもTシャツで脇や股間をゴシゴシしてから、客席に向かって「投げるぞ〜」というふりをしながら、フェイントでぜんぜん違う方向に投げたりして、最後まで芸が細かい。

私はTシャツの形が衣裳の感じとそぐわない気がして、あるときから自分の思う形にハサミを入れることにした。部分的に揺れるように切っては結んだり、穴を開けたり。そしてシルエットは体の線に沿うようにカットしたのだ。

その時代にはじめた「カットしたアンコールのTシャツ」は、その後、約25年も続いた。たかがTシャツだけれど、すごいなぁ。

それから、「即出」の荷造りをはじめる。即出というのは、ライブが終わっても楽屋には戻らず、待機していたタクシーでホテルに帰る「即座に会場から出る」ことをいう。

コンサートが終了すると、大勢のファンたちがドッと楽屋口に押し寄せる。いわゆる「出待ち」だ。メンバーを乗せたタクシーはファンに囲まれて動きが取れないこともよくあったし、走り出したら走り出したでファンの車が何台も横をついてくるし、ちょっと危ない。

この頃は、ジャニーズか韓流アイドルかってくらいファンが取り巻いていた。そんなこともあって、清志郎とチャボは、「即出」をすることが多かったのだ。

私は、ふたりが楽屋に持ってきた荷物と、車の中で飲むポカリスエットやビールやおしぼりなどなど、先にタクシーに積んでおく。

チャボはだいたい黒い大きなバッグで楽屋にやってくる。その中はチャボにしかわからない乱雑さで、ごちゃごちゃぐちゃぐちゃだ。なんでも入っている、というか、なんでもブチこんでいる。

チャボのバッグの中に得体のしれないTシャツらしき、布の丸まったものがあって、しぶしぶ広げてみたところ、なんと4枚のTシャツがサッカーボールのように組み合わさっていた。

ガムの包み紙だけが数枚まるまって入っていたこともある。捨ててくださいよ〜と注意すると、

「それは、必ず入れているの！」

と笑わせる。

帽子が6個入っているときもあった。あんまりなんであきれたが、

「帽子は1日6個って決めてんの！」

と、またまた笑わせてくれる。

あとは、ホントのたまにとかしているところを見たこともあったが、チャボのヘアスタイルには必要なさそうな、とりあえずのヘアブラシ、この中じゃ探すのも一苦労だろうにタオル数本、ずっしりと重いテープレコーダーをバッグに入れ、このあと、ホントにホテルで食べるのだろうか、食べそびれた楽屋弁当も入っている。とにかくチャボでしかわからない価値感のものがギッシリ詰まっていて、いつも大爆笑だった。

私は、そこに冷たい缶ビールを2本、ポカリスエットとおしぼりをビニール袋に詰めてバッグに入れ、たまにビールのおつまみをプラスしたりすると、翌日、

「昨日のおつまみ、よかったなー。サンキュー」

とうれしいことを言ってくれる。

旅先で、チャボがひとりで先にチェックアウトするときなどは、預けた衣裳と小さいメモ用紙にメッセージを残してくれたりもした。

「たまきへ　衣裳ヨロシクね！　昨日の柿の種Ｔｈａｎｋｙｏｕ！」

って感じでサインも入っているのだ。

アンコール後は、Tシャツはゴシゴシして投げちゃうので、清志郎は上半身裸だ。バスタオルを肩からすっぽりとかぶって舞台袖からやってくるけれど、真冬のライブでは、清志郎やチャボが楽屋に着てきた分厚いコートをすぐさま肩に乗せ、風邪ひかないようにね！　と即出を見送った。

　かけだしの頃は即出の仕方もわからなかった。だんだん自分でアレンジしていくうちにベテランになっていた。考えてみたら何百回とやっていたのだ。

　そのあと、用意が終わったメンバー順にタクシーに乗り、会場をあとにする。スタッフはこれから何時間もかけて搬出をはじめる。大変な仕事だ。

　私は、超急ぎで片付けて、衣裳を集めてバッグに詰めこみ、メンバーといっしょにホテルに帰る。ただ、会報誌のレポートのためにライブを観たときや、どんなに急いでも片付けが終わらなかったときなどは、あとからひとりでホテルに戻ることになるのだ。

　こう思い返すと、私のキャリアは、衣裳係&楽屋係が正しいのかもしれない。坂田さんも、マネージャーも、イベンターも、楽屋内の仕切りは私にまかせてくれていた。

　そういえば、私も楽屋が大好きだった。大勢がワイワイしていても、たったひとりでいても。

ホテルに到着すると、驚くことに「追っかけ」が先に到着していて出迎えてくれたりする。ファンのみなさまはなんともサスガだ。新幹線のホームから、同じ車両から、タクシーから、ホテル、そして会館も。全国どこでも顔を見るファンもいた。ツアーに同行してくる根性のすわった追っかけもたくさんいて、メンバーも「おっ、また来たね！」なんてたまにはあいさつしていた。彼女たちはホテルのロビーでずっと待っているので、オフの日などは、メンバーのだれがホテルから出かけたのか、追っかけのファンに訊いたほうが早かったりした。

ホテルの部屋に戻ったら、時間を置いて、打ち上げに出かける。いつも30分〜40分後にロビーやエレベーター前に集合だった。私は先に帰った清志郎の部屋へ衣裳を受け取りに寄って、自分の部屋に戻る。清志郎はハンガーにかけて乾かしてくれていることもたま〜にあった。

私は、手洗いのできない濡れた衣裳は干して、他の物をバスルームで洗って、それから打ち上げに出かける用意をするのだ。

部屋もバスルームも、衣裳だらけだった。ライブ本数がハンパではなかったから、本当に私の部屋は衣裳部屋みたいだった。

ビデオ鑑賞会

打ち上げは、各地のイベンターの方が自慢の店に連れていってくれる。メンバーだけのときは、家庭の食卓のようでしみじみ楽しい。だけど、メンバーとスタッフがいっしょのときは、メチャメチャに盛り上がりまくる。親戚が集まった感じだ。

食事が終わると、ホテルに戻る組と、次の店に行く組とに分かれる。梅津さんと片山さんが、ジャズの店に顔を出さない日はない。G２や新井田さんもいっしょに行くこともあった。急きょはじまったジャズセッションで、この豪華メンバーが演奏したスペシャルな出来事もあった。お客さんはそうとういい思いをしたことだろう。私も、

「梅片コンビ」にずいぶんいろいろな店に連れていってもらった。

清志郎とチャボ、特にリンコさんは、打ち上げあとにどこかに流れたところを一回も見たことがないかも。

さて、ホテル組は、ビデオをセットした清志郎の部屋に集まり、その日のライブの録画を静かに観る。それがツアー中の深夜の過ごし方だった。各々、飲み物を持って清志郎の部屋に集まるが、飲みきってしまうと、清志郎が自分の部屋の冷蔵庫からみんなにごちそうしてくれた。

「まぁ、遠慮せずに飲みたまえ」

なんて、言い方をしていた。

清志郎は強度の近眼で普段はコンタクトレンズをしているが、この時間になると、レンズの厚いグルグル眼鏡に替えていることがあった。

このときの顔は、ステージの顔からいちばん遠いと思う。その眼鏡のフレームの上側に眉毛を乗せてみせて、面白い顔をするなど、お調子者の一面がある。

ときどき、スタッフがやってくると、小さなミーティングのようになって、これもまた楽しい。メンバーは真剣に観ていて、毎回、必ずチェックを欠かさなかった。

清志郎はビデオが一回りして、みんなが解散になっても、ベッドに寄りかかってリラックスして2回目を見続けていた。次の日が移動でまたステージがあるとしても、かなりの確率で朝方まで見返していたように思う。よく飽きないなぁと、その熱心さとしつこさにはいつも感心していた。

1回目が終わり、ちょうど解散する頃になると、ジャズ飲み屋から戻ってきた片山さんがベロベロのいい調子で清志郎の部屋をノックする。これもかなりの確率だ。おかしいことに、それが合図のようにみんなは部屋に帰っていく。が、清志郎は、

「片山さん～。そろそろ寝たら～？」

なんて言いながらも、ちょっとは付き合っていたと思う。

翌朝、スタッフはすでに次の街に移動している、朝早くから夜遅くまで大変な仕事だ。メンバーたちは清志郎とチャボがエレベーターから降りてくると、そのままタクシーに乗りこみ駅に向かう。ここでもまた追っかけがいっしょだ。

列車待ちの時間に、梅津さんや片山さんは、必ず駅のホームの立ち喰いそば屋に寄る。たまには、清志郎もいっしょに入ることもあった。これが空港だと、必ずレスト

ランだ。レストランに籠《こも》っていれば、大勢のファンの目から遠ざかることができる。とにかく当時はマネージャーが清志郎をガードしていた。目を離そうものなら、ファンにもみくちゃにされてしまうからだ。

お腹を満たして列車に乗ると、それぞれに音楽を聴き、やっと静かな時間がやってくる。私は、清志郎が横並びの2席を使って不思議な体勢で寝ているところを見たことがある。なんと仰向けで腕組みをして、足元はアグラをかいて、熟睡していた。折り畳み清志郎みたいに、だ。清志郎はそうとう体が柔らかいのだろう。

体が痛くならないのか、はたしてどんなものだろう。寝てるってことは気持ちがいいのだからそのままでいいのだな、と清志郎のヘンな寝方を見るといつもそう思っていた。

車中、販売特典用のサイン色紙を書いたり、ファンクラブの会報誌のインタビューも受けたり、メンバーは忙しい。

いま頃、スタッフはバカデカいトラックから機材を下ろし、ステージを組み上げていることだろう。

そして今日もまた、昨日と同じように、RCはどっかの街に着いてステージをかけぬけるのだ。コンサートホールのまわりには、清志郎と同じメイクで、首からいくつもキラキラのストールを巻いて、両手には指が足りないといわんばかりのアクセサリー、そんなよく似たファッションでキメたファンが、そこいら中にあふれていた。

83年の夏の札幌、真駒内スタジアムで、RCサクセションVSサザンオールスターズと銘打ったジョイントコンサートが行われた。

ライブのMCで清志郎は、

「初めていっしょにやったけど、なかなかゴキゲンなバンドだったぜ！　最初はブッつぶしてやろうかと思ってたけど、なかなか気に入ったぜ。サザンオールスターズ、ゴキゲンだぜ！」

と、ステージからステキなメッセージを投げかけた。

その夜、札幌市内のライブハウスで行われた打ち上げでは、今度は桑田佳祐が、

「今日は、RCに完全に負けました！」

とメッセージを返した。

打ち上げでは、清志郎と桑田さんの即興ブルースセッションが行われて、思わぬ豪

華なステージに会場は大盛り上がり。興奮冷めやらない打ち上げの帰り道、清志郎とチャボは「勝ち負けじゃねぇよな〜」なんてボソッと話していたという。

RCはこの頃、ついにライブの王様、「KING OF LIVE」の名をほしいままにした。

バラの花束

RCは1985年に、「りぼん」から独立し、「有限会社うむ」を設立する。

りぼんから独立する直前の全国ツアーでは、不安定でなにかキナ臭い雰囲気が、下っ端の私にも感じとれていた。

私がひとりで楽屋にいたときに、いつもツアーに同行しているりぼんのゼネラルマネージャーが言った。

「わかっているかとは思うけれど、RCは独立するんだよ。これからいろいろ変わっていくことが多いと思う。まずは言っておくよ」

他には何の情報もなかったが、独立することだけは事前に教えてくれたのだ。RC側からは、これからどうなるのかまだ何も言われていなかった。これからどうなるのだろう、やっと入社できたというのに、またふりだしに戻るのだろうか。私はとても心配だったけれど、こんな大事な問題はだれにも質問できるはずがない。

ツアー中のある夜、清志郎から宿泊先のホテルのラウンジに呼ばれた。きっと独立のことだろう、とは想像がつくけれど、いったいどんな内容なのか……。大きな窓には夜景が広がっていた。

「たまきもいっしょに新しい事務所にきてほしいのだけれど……どうかな」

それはなにか、私が断るかもしれないとでも思っているような伺いぶりだった。「きなさい」でもなく、「くるべき」でもない。

私はすごくうれしかった。いまとかわらずにRCのそばにいられるのだ。もちろん私はすぐさま快諾して、清志郎も喜んでくれた。

それから数日経った休日の日曜日、外出先から家に帰ると、深紅のバラの花束が届いていた。

なんと、差出人は、「忌野清志郎」。

明日は私の誕生日、25歳になる。こんなプレゼントは初めてだ。しかも清志郎から。この夜はうれしくて何回もバラばかり見ていた。

うむという社名は清志郎が命名した。人はなにかを考えるとき、「う〜む」と言う。承諾するときも「うむ！」と言う。さらに「生まれる」という意味も含んでいたと思う。いい名前だな。清志郎の「命名」は奥の深いカッコいいものばかりだ。

たとえば、「忌野」の「忌」は、己の心と書いて「いまわしい」と読むのが素晴らしいと、何かのインタビューで言っているのを思い出した。

このとき、りぼんからファンクラブもいっしょに独立し新しくスタートしたのだが、その命名も、清志郎に頼んだ。「スーパー・うむ・クラブ」と決まった。頭文字を並べると「SUC」。RC SUCCESSIONの中の「SUC」だ。

りぼんからうむに移った顔ぶれは、坂田マネージャーが社長として、さらにツアースタッフのローディーの荒井さん、マネージャーの藤井さん、私は会報誌作りと衣裳、そしてりぼんでは宣伝のポジションにいた星宮さんという女性が経理担当、全部で５人が最初の社員だった。しかもその中の４人はツアーがはじまると東京を離れてしまう。

坂田社長はＲＣの低迷期からマネージャーを務め、ＲＣを世に送りだした人だ。私はファンの頃から知っている。まるでメンバーみたいにカッコよくて、ファンの間でも有名だった。

デザイン学校時代に課題で描いたＲＣの絵を、大胆にも私はコンサートの楽屋で坂田さんに渡したことがあった。坂田さんは、

「いいですね！」

とほめてくれた。もちろん、晴れてスタッフになった後は、恥ずかしくて、かつて絵を渡したことについて坂田さんにはなにも言っていなかった。

ただ、そういえば、りぼんに入社してから、その絵がミーティングルームの片隅に、ファンからの贈り物に混ざって立てかけてあるところを見つけたことがあった。私はびっくりした。私のあの絵とこんな場所で再会するのは妙な気分だった。その絵は飾

られるほどうまくはない。でも、捨てずにまだそこにあったことが、なにか私をほっとさせた。

坂田さんは気遣いが細やかで、面倒見がいい人として評判だった。RCが売れる前から、RCや清志郎の「女房」とも言われていた。清志郎の家に居候していたし、料理上手で通っている。

打ち上げでは、欠席したメンバーにはもちろん、あまり食べていない人を見つけて、

「おにぎりでも握ってもらおうか？」

と気を配る。それに楽屋のお弁当やお菓子にもちょっとウルサい。

いつだったか、なにもない楽屋に軽食を用意してくれと言われた。そこは山奥の田舎で小さなスーパーしかなく、どうにか材料をそろえてサンドイッチを作ったら喜んでくれた。

しかし、紙皿の上のパンの配置を見て、

「この方がおいしそうに見える」

って直された。男性だけど「女房」だから、とても優しくて細やかなのだ。ツアーを回りながらいろいろなことを坂田さんから教わった。坂田さんにほめられるととて

もうれしいし、注意されると頑張ろうと思った。私にとっては上司ではあるけれど、もっと近い、そう、お父さんとお兄さんの中間みたいな人だった。

りぼんに入社したての私を、RCのツアーに同行するように仕事をくれたのも坂田さんだ。

清志郎が亡くなって2年後、坂田さんは後を追うように逝ってしまう。悲しいことが続いてしまった。

マネージャー就任

衣裳係に就いて6年も経つと、アイロンもスイスイ滑るようになってきた。会報誌作りもメンバーにズイズイつっこめるようになってきた。自分の仕事が身についてきた時期、マネージャーが会社を辞めることになった。

彼は長髪、顔の半分はヒゲが特徴だったのに、なんだか清潔感あふれる男性になってしまって、退社の理由も、どうやら彼女ができて、実家のたばこ屋を継ぐというシナリオのようだった。こうして88年後半から、私は彼の後を継いでマネージャーに就いた。

マネージャーになってしばらくした頃の話だ。清志郎が通っている歯科医が山梨にあるので、私も温泉に泊まりがけですべて治そうとお世話になったことがある。

私は、小学2年生の頃に虫歯で通った歯医者の治療が容赦なく、ものスゴく痛かったため、それ以来、二度と行かないと決めていた。少なくとも小学校卒業までは行かなかった。結局いつかは、虫歯の痛みに耐えられず通院することになるのだが。

高校生のときは、学校でおたふく風邪だから即帰宅するようにと診断され、その足で内科に行ったら、これは違う、歯が原因だと言われてすごく恥ずかしい思いをしたことがある。

また、クリスマスパーティーでスルメをかじっただけなのに前歯が折れて、不格好な大きな仮の差し歯で成人式の晴れ着を着たこともあった。なにしろ歯がガッタガタだったのだ。

山梨の歯科医で、私は診療台にあがって、自分の歯の全体写真を見せられていた。

口をイーッとした形のまま四方を鉗子《かんし》で留めた「ザ・歯」の写真だ。自分でもそうとう恥ずかしくなるような、ガッタガタの歯が写っている。

ちょうど先生から説明を受けていたところに、まずい、長男のタッペイちゃんを抱いた清志郎と石井さんが遅れて入ってきた。そして、あろうことか写真を見られてしまったのだ。清志郎はこう言った。

「ひっどいなー、これは！　こりゃケモノの歯だな。マネージャーはケモノじゃできないぞぉ」

周囲は大爆笑だった。まぁ、真実だからなぁ、仕方ないか。

プラッシー

全国ツアーの中盤、九州地方をグルッと回るその中休みには、ＲＣ一行はある温泉宿にお世話になるのが恒例だった。

そこは、鹿児島県にある妙見温泉「雅叙苑」という山の中の温泉で、バカでかい一枚岩をくり抜いたお風呂、打たせ湯、ラムネ湯、天降川《あもり》と隣接する露天風呂などなど、すばらしいお風呂がそろっていた。

自家製の草餅とお茶で一息入れたあとは、マージャンを開始する人、釣りを楽しむ人、過ごし方はまちまちだ。日が暮れだし、囲炉裏《いろり》を囲む夕飯の頃には、すでにみんなお酒が入ってきて盛りあがる。

そしてあたりが暗闇に包まれると、露天風呂でシミジミする女子（という年頃でもないが……）の横を、ある人物が通りかかるのだ。油断も隙もあったもんじゃない。

スケベのスの字もない感じで清志郎は現れる。

「やぁ、やぁ」

などと手を振りあいさつをしながらやってくるのだ。

「ギャァー、あっちに行ってくださ〜い」

と言っても、清志郎は、

「ともに仕事をする仲間の裸くらい見ておかないと」

と、とてつもない理由をつけて笑っている。

清志郎ファミリーといっしょに、泊まり客が他にいないひなびた温泉に行ったときのこと。アサミさんといっしょに女湯の脱衣所で着替えをしていた。すると、

「やぁ、やぁ」

と、清志郎が現れた。

「ギャァー、こないでくださ〜い！」

アサミさんはすぐさま小さくかがんだが、私は素っ裸にTシャツを頭まで通していた瞬間だった。大ショックだ。

私はガックリ落ち込んで、ひとり部屋に籠っていた。すると、

「たまきー、元気出せよー」

と言いながら、清志郎がまだ怒っているのかと様子をうかがいにきた。部屋の冷蔵庫に入っていた「プラッシー」を1本持参している。なつかしい瓶のどぎつい黄色の「プラッシー」を、

「あ、ボス、どうもありがとうございます」

とお礼を言って、私はおいしくいただいたのである。それなのに……。

翌朝の朝食のとき、アサミさんと私に向かって、

「オレのお陰で、キミらの今朝のお肌はツルンツルンしてるぞぉ」

と言うのだから、ヒンシュク2倍だ。プラッシーもう1本だ！　温泉でクダケまくったあげくの清志郎のキメゼリフに、私はある種の尊敬の念を覚えるのだった。

天職

清志郎の書く文章は、彼独特のロックな空気があふれる語り口調で大好きだ。音楽も、絵も、文章までもがイカシてるって思っていた。

85年の秋ごろ、清志郎から話があると呼びだされた。

「あのー、話があるんだけどさ」

なんだかもったいぶった感ありありで、じりじりと迫ってくる。

「たまきにうってつけの仕事があるんだけど……どぉかなぁー」

うってつけ？　アイロン……クリーニング屋？

「ゴーストライターをやらない？」

ぶ、文章？

それは音楽雑誌の連載でゴーストライターをやらないか？　という「ゴーストライターのすすめ」だった。

「キミはファンクラブの会報の文章がうまいしさ、向いてると思うんだよね」

と、ニコニコしながら言う。

「まあ、僕はさー、忙しいから文まで書けないの。どうだろう？　聞き書きをしてもらえないかな？」

ミョーにニコニコしている。横で坂田社長もニヤニヤしていた。

はい、やります！　やりますとも。

もちろん私はふたつ返事で答えた。イカシた文章のお手伝いができるなんて！

86年、音楽誌『週刊FM』（音楽之友社）に、清志郎のイラスト入り交遊録の連載がスタートした。

私をまた新しい道の入り口に立たせてくれた。さあ、ここから入ってみたら？　と、清志郎が立たせてくれたのだ。ありがたいな。

東京に戻って、打ち合わせがはじまった。内容は友達をイラスト入りで紹介していくという交友録だ。まず、タイトルを考えた。いろいろ考えた結果、「旅日記」というフレーズを使ったらどうだろう、と私は提案した。ちょうど、清志郎も好きな「つげ義春」の本を読み終わったところで（温泉をめぐる旅日記だった）、「旅日記」という言葉がとても良い響きに思えたのだ。

すると清志郎から『忌野旅日記』はどうかなー、と、返事が届いた。私が読んだつげさんの本は、まさに『つげ義春旅日記』というタイトルだったから、ちょっとびっくり。後日、清志郎と話してみると、彼はその本のことを知らなかった。

構成方法は、清志郎が「紹介する人」を決めて、私が電話でエピソードを聞く。ときにはツアー中にインタビューしたり、ファクスが送られてきたりもした。清志郎のエピソードは聞いているとその人がポッと浮かんでくるみたいで楽しい。電話の向こうで、自分のジョークに堪えきれない感じで笑いすぎてむせているときがある。こうなると、出てくる話は笑い話ばかりで大爆笑だ。私も電話のこちらで膝を叩いて大笑いしていた。

ノラないときはエピソードがなかなか思い出せない。そんなときに清志郎は、

「ちょっと石井ちゃんに替わるわ」

と言って、奥様の石井さんが電話口に登場した。

石井さんのしゃべり方は、清志郎と似ているところがあって、私はふたりともに同じ感覚で話していられた。なにしろ石井さんは記憶力が抜群なうえにキャッチーなフレーズを持っているから、笑いのツボの助け舟をよく出してもらったものだ。

たとえば、三浦友和氏の「食欲旺盛で高校時代はいわゆるデブだった」というくだり。清志郎は電話口で「デブ」と言いながら無邪気に笑いこけていた。二枚目俳優の秘密を言っちゃった！　って感じで笑っていた。三浦氏の歌声があまりにも澄んでいて、

「まるで山の頂で歌っているようなのよ～」

と言ったのは石井さんだ。それじゃ「お口の恋人」（当時、ロッテのガムの宣伝に山の頂上が出てくるさわやかなCMがあった）みたいだね、と私が言って文章ができたり、泉谷しげる氏は「金輪際《こんりんざい》」を「カナワサイ」と言っていた、というエピソードも石井さんが思い出してくれた。

「ジェームス・ブラウン」のように、できすぎた実話を聞いてしまうと、思わず私は、

「え〜、それホントですか〜？」

と聞き返す。そんなとき、清志郎はちょっと自慢げだ。

「ホント！　ホント！　すっごいだろー、すっごいだろー」

と、次から次へと話してくれた。

私は、なにを聞き出そうか、どこまで聞き出そうかと、焦ったときもあったし、でも、一方で、ス〜ラスラ進んだときもあった。

文頭は毎回、エピソードを含めながら私の感覚で書かせてもらっていたが、清志郎は褒めてくれるばかりだった。文量が足りないとき、独自に話を膨らませて書いても、清志郎は決まって「面白いよ」と褒めてくれたものだ。私は、清志郎の文体を学習して、彼がしゃべったことをそのまま言葉にしたのだ。

もちろん、訂正が入ったこともある。たとえば、「ツアー中にあらゆるところに付きまとうファンが、ボクのことを先生と呼んでいる」という文頭。私もツアーで実際にそういう場面を見ていた。清志郎はあまりにもしつこいファンには辟易《へきえき》していたし、多少オチャラケも入れて、

「オレはおまえらの先生のつもりはない、ジョーダンじゃない、いいかげんにしてくれ」

といったふうに書いた。

が、清志郎からその文末に、

「だからそんなふーに、ボクのこと呼ばないでね。たのむよ」

と付け足してくださいと、ファクスが届いた。あぁ、そうだ、ここは怒りっぱなしじゃダメだったな。そう、怒りっぱなしは別人キャラだ。泉谷さんみたいに？　いやいや。あくまでも清志郎はソフトだった。それに、届いた清志郎のファクスはとても優しかった。「これを足すといいと思うよ」って感じなのだ。

清志郎のイラストは（彼は挿絵という言い方が好きなようだが）、毎号、届くたびに爆笑だった。すごく特徴をつかんでいるうえに人柄までにじみ出ている。シンプルな線で曲がった顔の輪郭を描いたとしても、そして、それが笑えるほど極端に曲がっていたとしても、なんともその感じがいいのだ。彼は高校時代、絵描きを目指していたくらいだから絵はとても上手だが、曲がった輪郭は下手に見せているわりじゃないのだ。わざとじゃなく、その人がホントに「そんな感じ」なのだ。その人の輪郭はそんなに曲がっていない。でもその人そっくりなのだ。「強調」の仕方に笑いと愛と技術とオリジナリティがある。ときには、描き直して何枚も届いたこともあったし、忙しくて一筆書きみたいなときもあった。でも、どんなものにもなんかしみ出ている。

それに、絵だけじゃない、横に書いたコメントもフルっている。その人がさも言いそうなフレーズや、その人への伝言も書いたりして、なんだか手紙のようでもあって面白い。桑田佳祐氏の似顔絵のまわりには、KUWATA BANDの歌のサビの「ば〜ん」が、画面そこいら中にたくさん飛ばしてあって「絵」として斬新だ。文字が柄となっている。この画面の暑苦しい感じもバッチリ、体をクネラせて桑田さんが「ば〜ん」と歌っている。この突飛なセンスが清志郎だ。

清志郎は人のコンプレックスを笑いに変える天才だ。清志郎が笑ってくれたら、それはもうコンプレックスでなくなるだろう。だから彼に取り上げられて、良いこと恥ずかしいことを書かれても、きっとその人はうれしいに違いない。面白い顔に描かれてもきっとうれしいに違いない。

春日博文氏の場合は、なんと4パターンの顔が描かれた。いちばんハンサムに描いた顔からどんどん3段階でくずしていって、4コマ目はすごいことになっている。

「春日はこれ（いちばんハンサムな絵）が似ていると言っているが、オレはこれ（なんだかわからないもの）が似ていると思う」と、春日さんを無視したすごいコメントもついていた。見るほうは相当面白い。しかも春日さんも相当うれしそうなのだ。不思議な人だ、清志郎は。

失敗

ツアーに同行したりゴーストライターになったりと、清志郎や他のメンバーたちとにぎやかで楽しい日々を過ごしていた私だが、何度か思い出すのも心苦しい失敗をしでかしてしまったこともある。恥を忍んで、そうした大失敗談のいくつかを披露したい。

87年9月、長崎の豪華客船上でライブがあった。ツアーのこの期間は、イベントが目白押しで、衣裳やら洗濯物やらがグルグル回っていた。クリーニングだのコインランドリーだの、なにしろ衣裳を回しながらツアーを回っていたのだ。

清志郎の衣裳は、通常のライブでは大きなコンテナの衣裳ケースに入れて移動していたのだが、そのライブの楽屋は船の上で狭いので、衣裳はコンパクトにまとめるよう言われていた。そこで、小さな方のコンテナにして、東京を出る際にはすべて構想どおりに荷造りを終え、トランポ（機材車）に積んでもらうように手配したはずだった。

当日、船の楽屋に入ってものスゴく驚いた。コンテナがない。どこを探してもない。ということは、衣裳もない。メイク道具もない……。

ここは長崎。頭がクラクラしてきた。これは夢だと思った。早く覚めてほしい。夢の中で宙に浮いて歩いているようだ。

前回の衣裳はクリーニングから戻ってきたまま持参してきたし、コインランドリーの洗濯物も済ませていっしょに持ってきた。どうにかなるかもしれない。いやいや、どうにかさせなきゃ清志郎はなに着るのよー。

とにかくメイク道具だ。私は街中に出て、化粧品店を何軒も回った。いくつかは同じものがそろったのだが、東京でもなかなか見つけられないものだってあるのだ。それを長崎でそろえようなんて、恐れ入る。

ポマード、なるべく強力な。ファンデーション、なるべく落ちなさそうな。アイシャドウ、同じ色。クラクラしながらかき集めた。

あー、靴もない。当時はニューバランスのランニングシューズを履いていた。不幸中の幸いだ。よかった、これなら街で手に入れられる。クラクラしながらスポーツショップを探した。

アクセサリーはどうしたのだったろう。前回のものが汗で濡れていて、タオルに包んでおいたのが、手持ち荷物にあったのだったか。

なにしろやっとのことですべてそろえて楽屋に戻り、洗濯物の中から衣裳を組み合わせた。メイク道具もすべてが1個ずつで、鏡の前もショボくって仕方がない。いつものズラーっとしたゴージャスさのカケラもないのだ。

この日は、イベントで出演時間もフルライブの半分くらいだから、これでどうにかなるかもしれない。あぁ、どうにかなってください。

そうこう頭をクラクラさせていると、メンバーが楽屋入りしてきた。

あぁ、どんな顔で話しはじめたらいいか、もうわからない。ワナワナしながら清志

郎に謝った。清志郎は、

「これでやってみるよ」

と言ってくれた。もう、ほんとうに申し訳なかった。清志郎は許してくれた。私が男の子だったら一発殴られたっておかしくないだろう。いや、男の子でも彼は殴ったりはしないけど。でも、こんな失敗をしたら仕事がなくなっても当たりまえだ。しかし、ありがたいことに、この失敗の後も私はずっとツアーを回らせてもらったのだった。

後にも先にも、清志郎の大事なものをみんな忘れていったのはこの一回だけです。

と思ったが、もう一回ありました。

これは比較的最近の話で、仙台でのイベントのとき。ゴールデンウィークの初め、もう5月に入るというのに、仙台は冬が終わるかどうかといった陽気だった。

衣裳を広げていると、着替えはじめた清志郎が言った。

「ステージ用のパンツ（下着の方）がないよー」

はいはい、ここに……と洗濯物を探してみたが、パンツがない。いつも3、4枚は用意しているパンツがない。すべてない。頭がクラクラしてきた。洗ったまま持ってこなかったのか。記憶にない。いっしょにあるものだと思い込んでいた。

「すみません、ありません」

と謝る。

「え〜、アレないと困るよ」

「すみません」

「どうすんだよ〜」

「すみません、街まで買いにいっている時間がありません」

そこは市内から1時間以上かかる奥地だった。すみません、としか言えず、情けないったらありゃしない。

「仕方ないよ、はいてきたパンツでやるよ」

清志郎は我慢してくれた。

メインステージの楽屋にマイクロバスで移動した。ステージ横の楽屋は寒いくらいでストーブがついていた。

ライブをステージ袖で観ていた。出番が終わったその日のイベントの出演者も数人、そこで観ていた。みんながニコニコしていた。

私もあまりにも素晴らしいステージに涙があふれるほどだった。ステージの袖にいる人たちと目が合うと、みんなが微笑み返してくる。近年でいちばん、そう、清志郎が本当に神がかって見えたライブだった。

なんだったのだろう、あれは、という思いだ。

1時間ほどのステージを終えメンバーが降りてくる。楽屋で着替えを広げて待っていたら、清志郎が驚いた口調で声をかけてきた。

「めずらしい、なんにも汗をかいてないよ。寒いくらい。パンツも濡れてないから大丈夫だよ」

ごめんなさい、でも、よかったです、としか言えなかった。

「ステージ、とても良かったです」

と思わず感激の言葉を口にすると、清志郎は、

「そーお？　ありがとう」

と笑うのだった。

私は、清志郎が着てきたコートをステージ衣裳の上から肩にかけてあげた。2008年のことでした。

もう一回、ありました。もうこれ以上はありません。長崎より仙台より、もっと遠方のニューヨークでの失敗談です。

マネージャーだったときのことです。『新・NY者《ニューヨーカー》』というニューヨークでしたいことをして一日を過ごすというテレビ番組の収録に、衣裳係とマネージャーとして同行したときのこと。

NYに着いた日から、清志郎と買い物に出かけたり、ゴスペル教会を訪ねる収録もとても納得のいく良いものが撮れたし、帰国の前夜も楽しいお酒で乾杯できたし、すべてがオールライトだと感じていた。

帰国当日、清志郎の部屋に迎えにいくと、NYにきたときよりも、すっごい量に荷物が増えていた。

そういえば、五番街の一軒まるごとおもちゃだけのデパートで、もうすぐ1歳になる愛息タッペイくんのおもちゃを買いあさっていたな。数はともかく外箱がかさばってるから、山盛りふたつ、荷物が増えている。それもそのショップの紙袋にパンパンに詰まっている。

「ボス、外箱は処分したらどうですかね？」

と仕方なく言うと、

「箱にしまっておきたいときに困るだろう、それにプレゼントもあるんだよ」

「はいはい、そうですか」

階下に降りると、テレビのスタッフも驚いていた。

「ずいぶんお土産ありますね、みなさん、お土産を楽しみにしているんですね」

タクシーに乗り込み、空港まで向かっていたその途中で、清志郎が言った。

「しまった、パスポートを部屋に忘れた」

えぇ！

「す、すみません、私が確認しなかったですー」

「……」

マネージャーの資格ゼロだ。現地スタッフが、すぐにホテルとNYの事務所に連絡をとった。

昔のことだから、もちろんケータイなんてそこらへんにはころがってない。高速道路の電話があるところに車を停めて、そこから電話をするしかない時代だ。

小雨が降ってきた。ベッドメイキングの人が善い人だといいけれど。引き出しに忘れたパスポート、ちゃんとまっすぐに返ってきてください。

後部座席の私は横にいる清志郎に顔を向けることができない。すみません。頭がクラクラしてきた。張りつめた空気を破ることなんて到底できなかった。私が男だったら殴られていてもおかしくはない。清志郎は人を殴ったりしないけど。

朗報が入った。スタッフがパスポートを持って空港に向かったという。あぁ、あとは出発時間に間に合ってください、神様お願いします。

空港に着いて、まずはこの荷物を入れる段ボールをスタッフが調達してきてくれた。紙袋ではペラペラ頼りないってものだ。しかし段ボールに入れてもまだ収まりきらない。全員が、かさばっている外箱をじっと見る。清志郎はたまりかねて言った。

「いらない外箱は捨てようかなー」

良かった。荷物も無事に収まった。あとはパスポートだ。搭乗時間の少し前、スタッフが遠くから走ってきた。トライアスロンのアスリートをゴールで迎えるかのような私たちだった。清志郎は彼と抱き合っていた。良かった、本当に良かった。

機内では、清志郎と席が離れていた。成田の手荷物受取所で会ったときに、なぜか清志郎の手荷物が増えていてびっくりした。

「機内販売も、けっこう充実してたよな！」

恐るべし、機内販売か。

後日、清志郎はファンクラブの会報に私のことを書いていた。

「たまきは、名古屋もニューヨークもおんなじなんだよ」

すみません。緊張感が足りませんでした。

これもまた、仕事を辞めさせられても仕方のないような大失態だ。1989年のことだった。

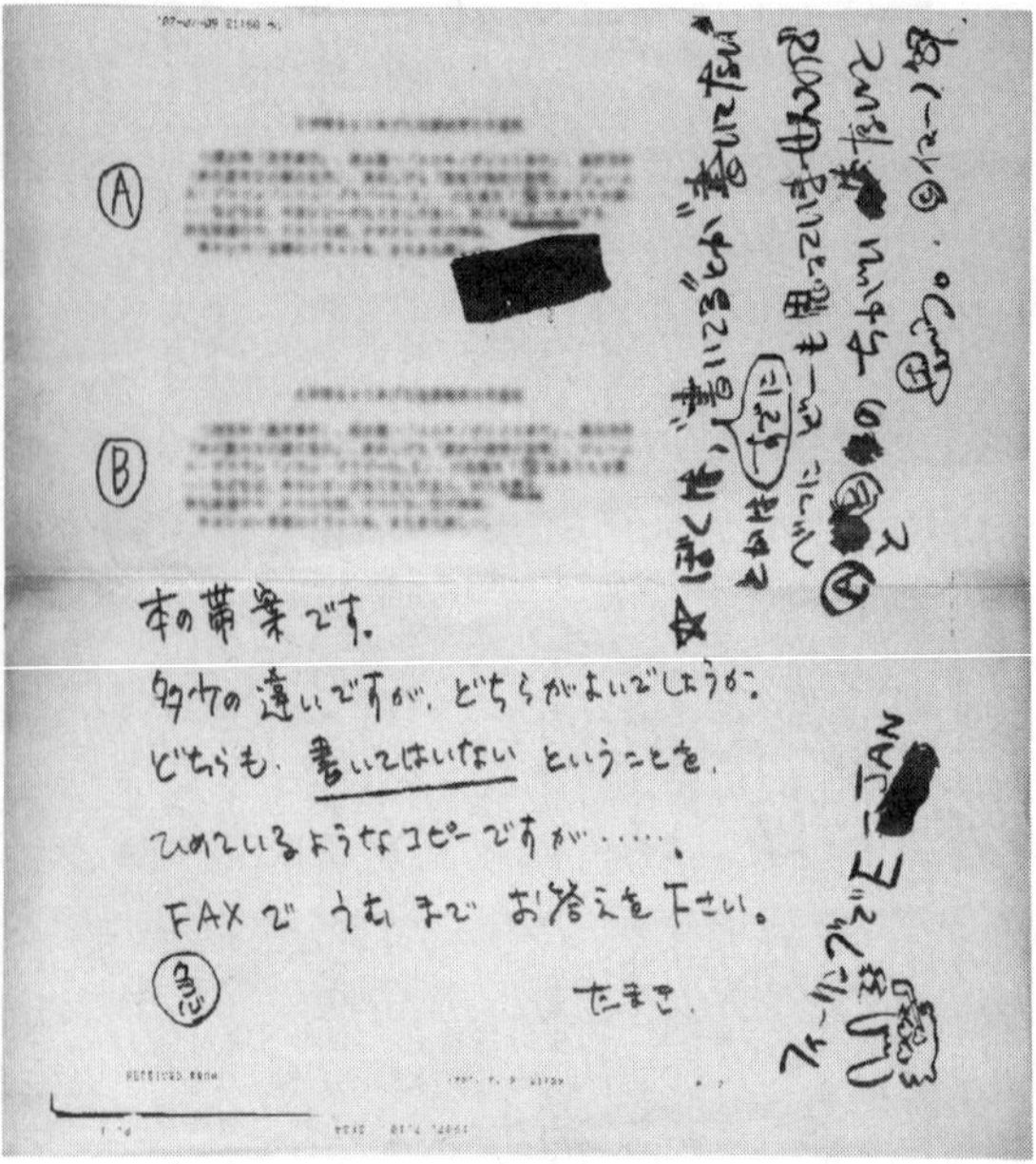
本の帯案です。
多少の違いですが、どちらがよいでしょうか。
どちらも、書いてはいない ということを、
ひめているようなコピーですが……。
FAXで うちまで お答えを下さい。
急
たまき。

聞き書きを担当した書籍『忌野旅日記』の帯コピー案に
書き込まれた清志郎の返答

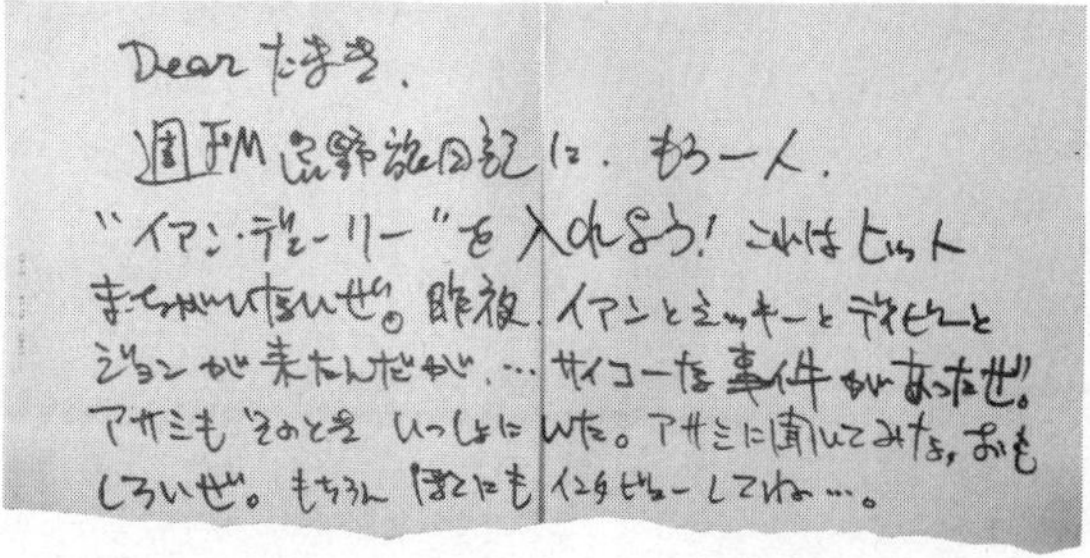

『忌野旅日記』連載中、清志郎から送られてきた人選のアイディア

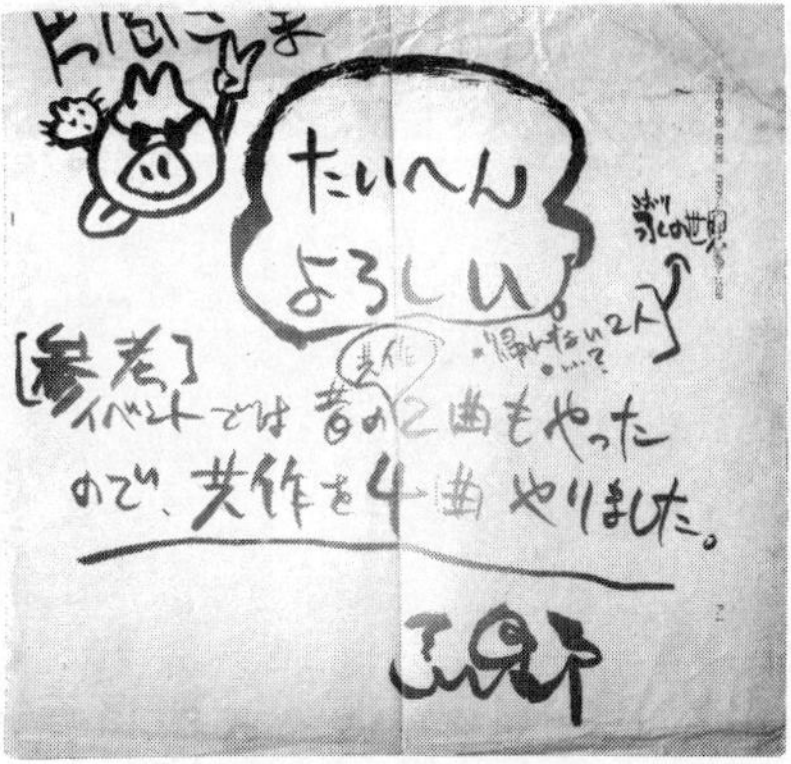

『忌野旅日記』文庫化に際し、
井上陽水の回で清志郎から届いた参考情報

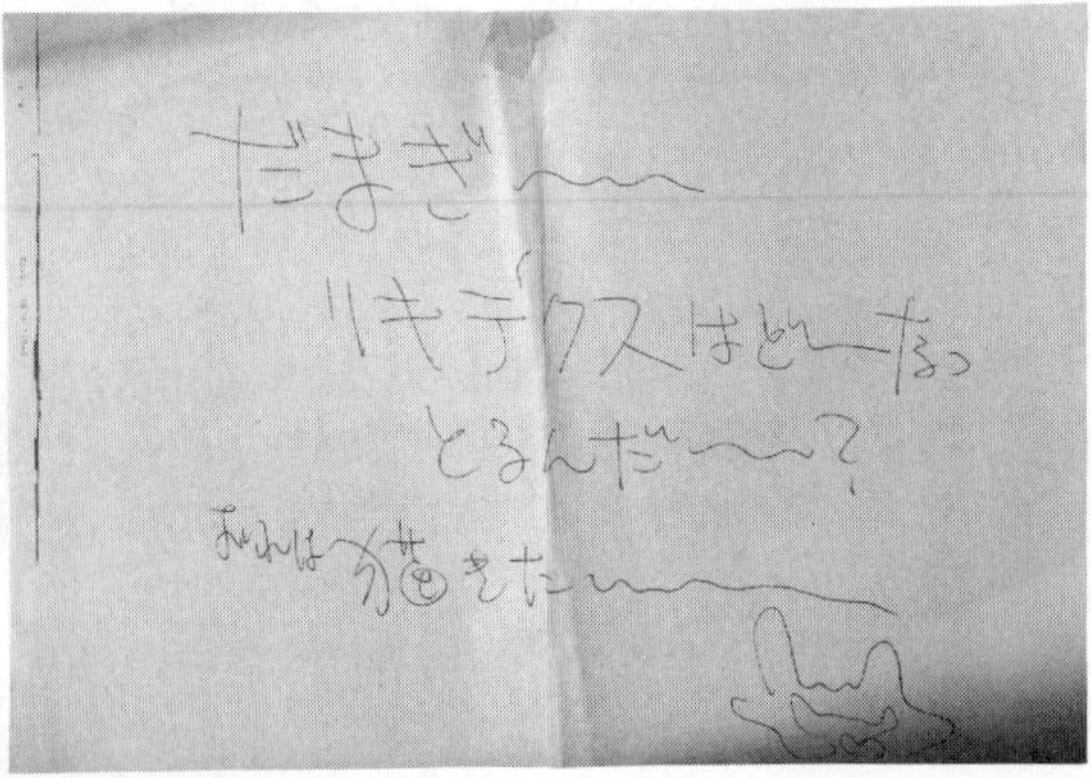

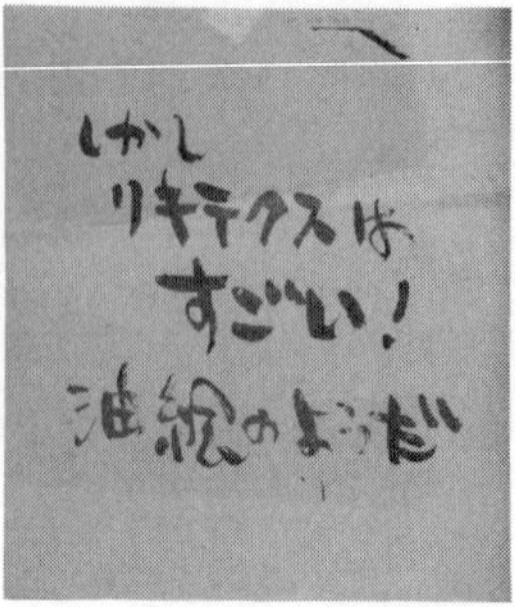

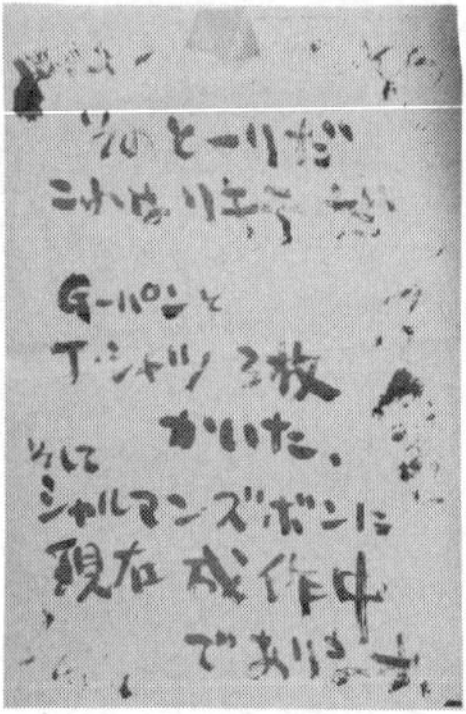

水性アクリル絵具「リキテックス」に歓喜し、
ファクスまで「リキテックス」で書き送ってきた清志郎

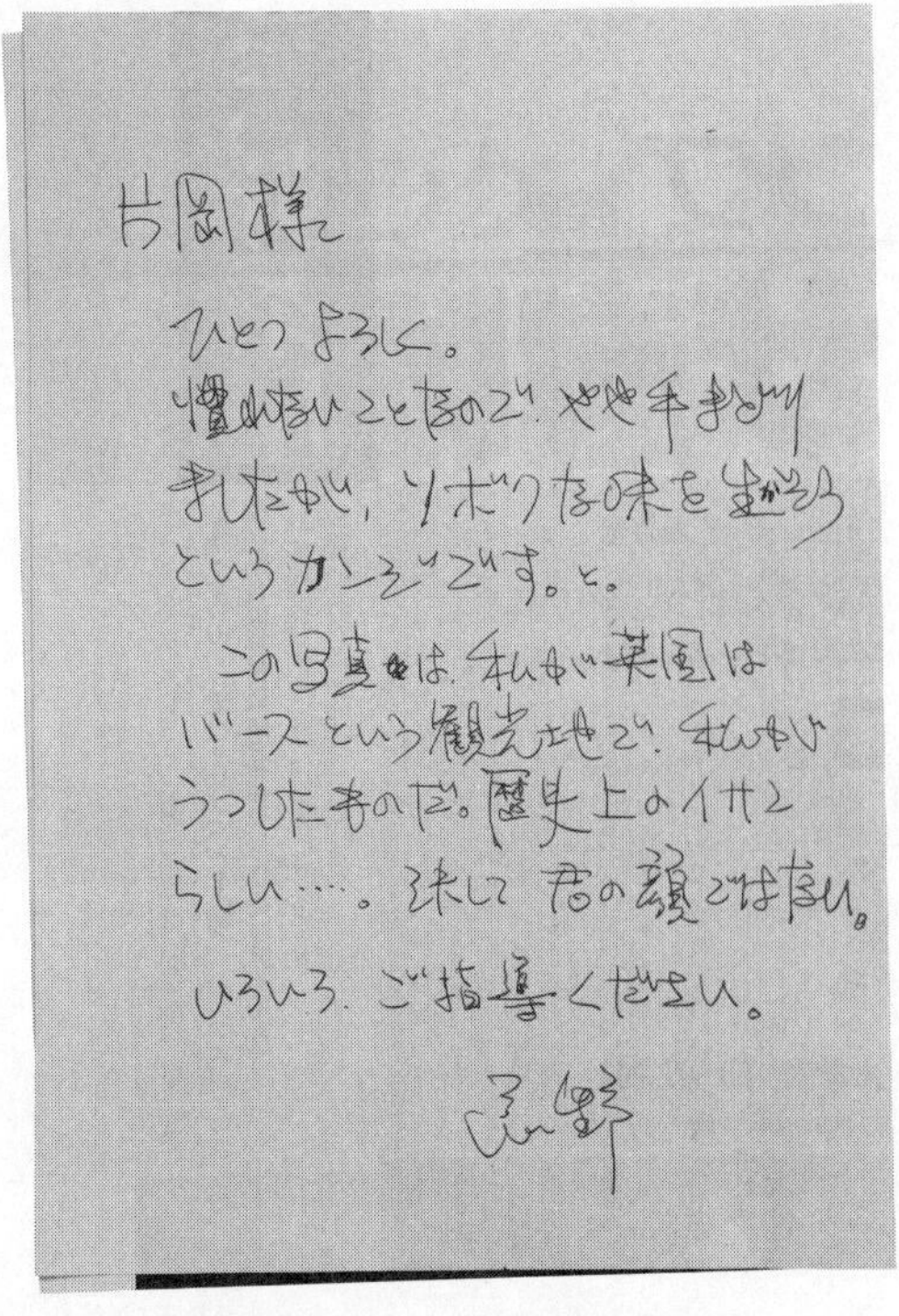
片岡様に

ひとつよろしく。
慣れないことなので、やや手まどり
ましたが、ソボクな味を出そう
というカンジです。と。

この写真は、私が英国は
バースという観光地で、私が
うつしたものだ。歴史上のイサン
らしい……。決して君の顔ではない。

いろいろ、ご指導ください。

忌野

英国の観光名所バースで撮影した写真に
説明を加える清志郎の直筆メモ

第四章　パンドラの箱

禁断の果実

1986年、清志郎は単身ロンドンに渡る。そして「ユートピア・スタジオ」で、エンジニア、ティム・パーマーによって、ミックスダウンが行われた。こうして、アルバム『ハートのエース』の中から『海辺のワインディング・ロード』と『山のふもとで犬と暮らしている』の2曲、さらに新たに2曲を加え、計4曲を収録したミニアルバム『ノーティーボーイ』がリリースされたのである。

この12インチシングルレコードは、いままでのRCのレコードとは格段に音の広がりが違った。当時のRCの原盤出版会社「ハッピージョーク」代表・相澤《あいざわ》自由里《ゆり》さんによって、海外エンジニアの高いミキシング技術が清志郎にもたらされたのだ。

「海外にはきっとRCにぴったりの音を作るエンジニアがいる。日本以外にも目を向けてほしいと思っていた」

と相澤さんから聞いた。清志郎にとっての新しい開眼であり、相澤さんのアイディアは実を結んだ。

清志郎は、ロンドンミックスからそのまま写真週刊誌『エンマ』の取材でドイツに向かう。私とカメラマン・三好和義氏、ライターの松田氏は一日早くドイツに着いていた。

翌日、清志郎とマネージャーがやってきた。清志郎はアンカレッジで買ったという暖かそうな茶色の帽子を被っていた。

ドイツに着いたその夜、シュトゥットガルト駅前のホテルで、できたてホヤホヤのミックスを聴かせてくれた。

「スゴいだろー」

清志郎は何度も繰り返した。あまりにも大きな音で延々と聴いていたため、ホテルの宿泊客が「何事か」と覗きにきたのを覚えている。

ティムには「リミッター」という概念がないんだと、しきりに力説していた。音の上限での制限がない、いや、そもそも気にしていないということか。

清志郎は、ロンドンでの体験も面白おかしく語ってくれた。ロンドンでは「おなら」をしてもだれも気にとめるヤツはいない、どこでおならをしてもいいんだ、おならは恥ずかしいことじゃないんだよと、笑っていた。しかし、「ゲップ」は絶対にしちゃいけない、とても失礼にあたるのだとも。

「スゴいだろー、スゴいだろー」

と、「スゴい話」をいろいろしてくれたのだ。

そんな清志郎の話しぶりは、ロンドンでの出来事がとても素晴らしいものだったのだろうな、と私に想像させた。ライブハウスへ行ったり、「ロイヤル・アルバート・ホール」でピート・タウンゼントのライブを観たとも言っていた。

これは、ロンドンで食事に行った高級レストランのクロークでの話。帰りぎわに、預けたコートを受け取る際、コートといっしょに預けたはずのマフラーがなかった。

「絶対に預けた」

「いや、見当たらない」

とちょっとした騒ぎになったらしい。が、なんのことはない。マフラーはコートの袖の中にまるまって入っていたのだ。

呆れたクロークのオジサンはおしりをペンペンしながら、清志郎に向かって、

「ユー・アー・ノーティー・ボーイ！（いたずら小僧！）」

と言ったそうだ。

そんなちょっとカッコいい外国っぽいジョークの余裕。「ノーティーボーイ」、それがそのままアルバムタイトルになったのだ。

2月17日、真冬のドイツはとっても寒かった。

この後のドイツの取材旅行では、ポルシェでアウトバーンをひたすら走り、雪の黒い森を走り抜け、夜、着いた街の、英語も通じないホテルのメニューで夕食を囲んだ。

朝は早い。清志郎は部屋を出るときには、枕元に「ヒトハタウサギ」のイラスト入りで「寸志」、そしてドイツ語と日本語で「どうもありがとう」と書いた紙の上にチップを置いていた。

なんて礼儀正しいバンドマンだ。

来日公演

ドイツから戻って、3月から6月までRCの全国ツアー約30カ所、夏のイベント、野音4日間を終え、秋、清志郎は再度ロンドンに渡った。そして、ソロ・アルバムのレコーディングをはじめる。

イギリスのカルト・バンド「イアン・デューリー&ザ・ブロックヘッズ」のメンバーを起用し、アルバム『レザー・シャープ』を完成、87年2月25日にリリースする。

この素晴らしく切れの良いサウンドと尖った声、清志郎お得意の日本語を英語のイントネーションに変えてリズムにぴったりと乗せる歌詞、どこをとっても秀逸で、私はこのアルバムが大好きだ。

初めて耳にしたとき、清志郎の明るく光る前向きな姿勢を感じた。またひとつ河を渡った自分と、曲がり角で待っていたけどきみはこなかった、という歌詞に、RCから離れて立っている風景が浮かぶ。

3月、ロンドンからレコーディングメンバーがぞろぞろとやってきて、ソロツアーが行われた。大阪、愛知、渋谷公会堂、中野サンプラザの4カ所6公演。私は衣裳担当で同行した。

　これはほんとに、イギリス人が「ゾロゾロやってきた」という言葉どおりだった。背が高く、にぎやかでよくしゃべるし明るい。メンバーはドラム、ベース、ギター、キーボード、サックス、トランペット、そして清志郎の7人。これがまたちょっとイカレてて、濃い個性のメンバーだった。

　清志郎は、このちょっとイカレた感じが大好きだったみたいで、楽屋は笑いであふれていた。

　地下鉄の車内アナウンスが気に入って、ところ構わず、

「オモテサンドー、オモテサンドー」

　とマネして笑わせるベースのマーク、前に来日したときに札幌のデパート「そごう」で買った女物の草履《ぞうり》のサイズを交換してほしいと、いつも持ち歩いてはだれかに相談していたギタリストのジョニー。ジョニーはイベンターの「SOGO　TOKYO」に、

「きみの会社はソーゴーだから、草履を換えられるだろう?」

　と高度なジョーダンを放っていた。

みそ汁を「なんておいしいんだ」と啜《すす》って、それが魚の出汁《だし》だとわかったとたんに気分が悪くなったベジタリアン、サックスのデヴィッド。

ジャケット撮影のときの小物をいろいろ欲しがる日本酒好きのジェフ、『夜のヒットスタジオ』のひな壇で、ごく自然にふるまっているにもかかわらずフロアディレクターに何回も注意されて、ユーモアがないと残念がってたミッキーさん。

ドラムのチャーリーはとてももの静かでジェントルマンだった。私は帰国するときにお礼の手紙をもらったが、その中には、ちいさなカーネーションが一輪入っていた。ステキ。

この頃、私は『忌野旅日記』の聞き書きをしていたので、そのイカレぶりを清志郎から聞いては文字にしていた。メチャクチャな異文化交流を気に入っている様子がよくわかった。

「来日していた16日間はまるで子どもたちと遊んでいるような、何か動物とじゃれあってるような気分だったよ」

と言っていた。

日々、彼らの自己主張に感化されて、

「伝わろうが伝わるまいが、自分のことを主張しないとダメなんだよな」と。このツロワークを清志郎は「自分の人生の分岐点」と語っている。

みんなよりも2、3日多く日本に残ったドラムのチャーリーと、ふたりで一日中ドライブして温泉に行った。公衆浴場では手ぬぐいで前をさりげなーく隠すんだよとか、入浴の仕方を教えたそうだ。でもすぐ忘れちゃって、腕組みしたり、腰に手を当てたりして、堂々と立って窓の外なんか眺めてるんだよ、と、うれしそうに話してくれた。

彼女の笑顔

いま思い返してみても、この頃は本当にめまぐるしく、RCの活動に加えて清志郎の私生活にもいろいろなことが起こった時期だったと思う。

1987年秋、RCはイギリスからミキサーのチャールズ・ハロウェル、アシスタントトミキサーのグラハム・クリスティを迎えて、2年ぶりのアルバム『マーヴィー』

のレコーディングに入る。『ノーティーボーイ』からはじまった「外国の音」の流れが続く。

『マーヴィー』の中に、『SHELTER OF LOVE ツル・ツル』という曲があるが、これは、原子力問題を扱ったダブルミーニングの曲だ。

86年に起こったチェルノブイリ原子力発電所の事故に端を発し、87年4月に出版された広瀬隆の『危険な話 チェルノブイリと日本の運命』を手にしたことから、清志郎は関連書籍を読みあさり、8月の野音ではすでにこの曲を歌っている。そして、アルバム『マーヴィー』は翌年2月にリリースされることになる。

12月25日、恒例の武道館の楽屋で、清志郎は東芝ＥＭＩの社販で買った洋楽のＣＤをメンバーに自慢しまくっていた。この頃はちょうどアナログレコードがＣＤに移行していく時期で、いろいろな洋楽の旧譜が一斉にＣＤ化されていたのだ。

原発事故はもちろんだが、この「社販で買った洋楽ＣＤ」も、次に続くアルバム『カバーズ』の火種となったのではないか。確かめたわけではないけれど、この一連の流れに、そんなことを思う。

88年、年明け早々、休む間もなく次回作『カバーズ』のレコーディングがはじまった。それも終わりにさしかかった2月、清志郎の父が心筋梗塞により他界する。2年前には母が永い闘病のすえに永眠していた。

父の葬儀を終えたあと、母方・栗原本家の叔母が妹さんとふたりで、軽トラックに古ぼけた段ボール箱を積んで国立まで届けてくれたという。それは、栗原本家の蔵に33年間、保管してあった実母の遺品だった。清志郎は届けられた遺品の中にあった実母の写真をいつも持ち歩いては、とてもうれしそうに、みんなに自慢するかのように見せていた。

1955（昭和30）年2月27日、清志郎の実母の富貴子《ふきこ》は清志郎が3歳のときに胃がんで早逝し、1955年9月、実父である新井弘が、息子である清志（清志郎）と毅《たけし》のために、写真など妻・富貴子の遺品を保存した。

清志郎は、子どもがいなかった富貴子の姉・久子と、その夫であり分家筋にあたる栗原康平《やすへい》の間で、養子として育てられることになり、弟・毅は新井家方に引きとられることになった。それ以降、清志郎の3歳までの実母との記憶と、実母の33歳までの記録は、本家の蔵でともに眠ることになる。

富貴子の遺品には、最初の夫の記録が数多く残されていた。

結婚後まもなく徴兵された夫は、激戦地レイテ島にて戦死し、1945（昭和20）年12月12日に、富貴子は正式に除籍となった。

戦地にいる若き夫と交わした軍事郵便や、戦争を批判した内容の富貴子が詠んだ短歌、やさしく扱わないといまにも朽ちてしまいそうな薄紙の「戦死公報」などが、自らの手によってきれいにスクラップされていた。

富貴子は除籍後、約5年たった1950（昭和25）年7月12日に、職場「日新化学」の同僚である新井弘と結婚。翌1951年4月2日、第一子・清志郎をもうけるのだった。

それら実母の遺品を目にしたとき、清志郎はどう思っただろうか。完成寸前だったアルバム『カバーズ』を携えた清志郎が、反戦・反原発といったメッセージを歌詞に織り込んだことには、あまりにもシンクロニシティが働いている。

清志郎はインタビューで、

「遺伝子に組み込まれているかと思った」

と語っている。

富貴子さんはいつもきれいにお化粧をして、好んで派手な着物を着こなし、短歌を詠み、歌もうまく、ふつうの女の人とはちょっと違っていたとも聞いた。まるで、清志郎みたいじゃないか。

実の母の存在を知ったこの頃、堰《せき》を切るように書きはじめた清志郎のメッセージや詩が、今年（２０１４年）５月、『ネズミに捧ぐ詩』（ＫＡＤＯＫＡＷＡ／中経出版）となって日の目を見た。私は88年当時、このノートのコピーを、

「縦書きにしてください」

と清志郎から預かった。そのときの、

「書かずにはいられないんだ」

という清志郎の言葉に、表現者の衝動を目の当りにした思いがしてとても感動し、

「私にできることならなんでも言ってください」とファクスを送ったのだった。

３月11日、ＲＣの千葉県文化会館コンサートを終えて都内に戻り、清志郎とマネー

ジャーの藤井さん、私の3人は、深夜2時に車に乗り込んで清里に向かった。アルバム『マーヴィー』からシングルカットされた『ノーティーボーイ』のプロモーションビデオ撮影のためだ。

車の中で清志郎はうれしそうに実母の話をしてくれた。見せてくれた写真の笑顔は清志郎に本当によく似ている。まるで清志郎が微笑んでいるみたいだった。

高速道路は雨だった。テンションの上がった清志郎はコーヒーカップの標識が見えるたびに、

「ちょっと寄りますか?」

と言う。車では「スライ&ザ・ファミリー・ストーン」の曲が流れていた。

「『ファミリー・ストーン』ってパートリッジ・ファミリーみたいなバンド?」と質問をした私に、

「たまきはほんとに洋楽を知らないねー。家族じゃないの! フィンガー5でもない!」

と言ってアキレていた。

どしゃぶりの高速を降りたあと、真っ暗な山道を走っていても、

「ドライブインに寄りますかね？」

と清志郎は何回も言った。ハイテンションの清志郎はドライブインが大好きなのだ。

からすの赤ちゃん

2014年の快晴の5月に、清志郎の本家を訪ねた。

立川から電車を乗り継ぐと車窓からの風景が変わり緑地帯が広がる。駅のまわりには目立った店は数軒のみ、高い建物もない田舎町だ。

清志郎の叔父にあたる栗原本家の長老、仁《ひとし》さん、その奥様の弟さんと妹さん、清志郎と従兄弟にあたる、仁さんの娘のはるみさん、弟の耕司さんがそろって出迎えてくれた。

駅からの道沿いには清志郎の従兄弟が営む「西久保酒店」もあった。このあたりは

まさに栗原《くりばら》新田を開いた栗原一族が住む土地。清志郎のルーツだ。

本家の広い敷地の続きには茶畑があって、梅の木には小さな黄緑の実がたくさん実っていた。その先には緑濃い山が連なり、ここは少年清志郎の格好の遊び場だったそうだ。

この場所に栗原家の墓があるというので参らせてもらった。山に踏み入ると、空気が変わった。シンとした空気と草の匂いがした。お墓には、清志郎の実母、富貴子さんも眠っていた。

前にも触れたが、清志郎が3歳のとき、実母の富貴子（仁さんの妹）は33歳の若さで胃がんで亡くなっている。病の療養のために本家に戻った富貴子は、病床に臥しながらも歌を清志郎に聴かせていたという。

「この居間の先にあった部屋から、富貴子さんが歌う『からすの赤ちゃん』が聴こえていた」

と、清志郎の子守り役だった叔母さんが思い出を話す。病床にあっても気丈な人だったという。

実母の歌声は、仁さんが持っていたオープンリールのレコーダーに録音して、亡くなったあと新宿の「コタニ楽器」でソノシートにした。

先述したように、清志郎は子どもがいなかった富貴子の姉・久子と、その夫であり分家筋にあたる栗原康平夫妻に養子として、まだ1歳になっていない弟の毅は実父の新井弘に引き取られた。

その年の9月、実父は離ればなれになった息子たちのために妻の遺品をすべてまとめて封印し、本家の蔵に保管したのだ。

それ以降、栗原本家は清志郎が寂しい思いをしなくてすむよう、清志郎が久子と康平との間にできた子であるようにふるまい、細心の注意をはらったという。

富貴子の死後、実父である新井弘は、清志郎と会いたい一心で、瑞穂町にある栗原本家にしばしばやってきたが、栗原本家の人々は心を鬼にして、新井弘と清志郎を、できるだけ近づけないように腐心していたそうだ。

子守り役の叔母さんは、庭にあった鶏舎の陰で実父と幼い清志郎がふたりで話している姿を見かけて、実父に軽率な行動は控えてほしいと胸を痛めていたという。

清志郎の養母となった久子は、たいへんなかわいがりようだったと皆さんが声をそろえて言う。本家に遊びにやってきたときも、庭や山で遊ぶ清志郎のあとをついて怪我などしないよう見守っていたらしい。過干渉なほど、清志郎を何くれとなく世話していたそうだ。

清志郎より3つ年下の従姉妹のはるみさんは、

「夏休みになるとやってくる清志ちゃんは、いつもカバンの中にたくさんの教科書を持たされて、久子さんに勉強をするよう注意されていた」

と語る。清志郎もよく母親の期待にこたえて、おとなしく勉強に励んでいたらしい。清志郎が高校生のときに、母が息子の進路について「朝日新聞」の人生相談に匿名で投書をしたという話は、ファンの間でもよく知られている。

本家で、清志郎は「もの静かで礼儀正しい子」という評判だった。

清志郎は18歳でレコードデビューした後も、レコードがリリースされるたびに、本家に持参して当主である仁さんに挨拶を欠かさなかったようだ。

そういえば、80年代にツアーで北海道へ行くと、私は実家へお土産の海産物を送っていたのだが、清志郎からも、

「栗原本家の親戚にも北海道のカニを送ってくれる？」

と、必ず頼まれていたことを思い出した。

あの「ロックなステージング」と「礼儀正しい」というイメージのギャップに一瞬は戸惑うが、清志郎の音楽への姿勢、何事もないがしろにしない真剣さ、それらはこの育った環境での「礼儀正しさ」に通じるのかなと、そう感じた。

高圧電線

栗原本家をあとにして、国立にある清志郎の実家に足をのばした。閑静な住宅街にある角地の古びた二階屋。きれいに掃除をされた庭には藤棚がある。本家の仁さんによると、養父の康平さんが当時ここに家を建てたとき、会社の同僚も康平さんのあとに続いて10軒ほどの住宅が建ったという。

仁さんは康平さんのことをとても褒めていた。同僚ともども一角に集めて家を建て、たいした人だと言っていた。

「あのへん、みーんなガス屋だ」

と細い目で、思い出すように笑う。

従姉妹にあたるはるみさんは、国立の思い出をこう語った。

「清志ちゃんの家に遊びに行ったときに、ここを『国立』と言うと、清志ちゃんは『違う、ここは国分寺！』と譲らなかった」

「駅は国立でも住所は国分寺だ」

と強く言うのだそうだ。

居間に座って清志郎と同じようにはるみさんもあぐらをかくと、

「はるみちゃんは女だからあぐらはダメ！」

と怒られたという。

国分寺の自宅ではチャンバラごっこも盛んで、

「瑞穂町での清志ちゃんは借りてきた猫みたいなのに、富士本（国立）の実家での清志ちゃんは内弁慶で強いのよ」

と笑っていた。

実家の空を見上げると高圧電線の鉄塔がすぐ横にあった。

あらためて見渡すと、けっこうな分量の電線が四方に広がっている。

清志郎はこの風景の中で育ったのか、この坂道を下りて国立駅に向かっていたのか、ちょっと思いを巡らせていると、自転車から降りた男性に、

「ファンの人ですか？」

と声をかけられた。

彼は、いつも持ち歩いているのだろうか、写真のファイルを広げて見せ、いろいろと教えてくれた。

「この高圧電線は『たまらん坂』にある鉄塔につながっている」

「この電線は『五線譜』に見えるでしょう？」

ファイルの別のページには、高尾にある清志郎のお墓も写っていた。こんなガイドをしてくれるファンがいるんだなぁと思ったら、なんだかちょっとおかしかった。

駅までゆっくり歩きはじめると、突然に視界が開けた場所に出る。清志郎が通った幼稚園の横の道、正面の遥か先にきれいな形の富士山が見えた。清志郎も、晴れた日には富士山を見ながら駅まで歩いたのだろうな。

40年前に、『RCサクセションのすべて』を手にして、中学生の私は夏休みに国立を訪れた。そこに載っていた「メンバーの休日」という写真の中に写されていた一橋

大学の構内を散歩したり、団地をあてもなくさまよったりした。それだけで嬉しかった。あのときと同じ気持ちになる。

すごいな、あれから40年か。

2007年、清志郎からのメール連絡に、写真と俳句が付いてきたことがある。それは、実父新井弘さんと温泉旅行に行った親子水入らずの記念撮影だ。ジェットボートに乗って突風に巻かれている姿や、旅館で浴衣姿のふたり。俳句は、

　実の父　活動的な　八十四
　二人旅　石和温泉　夢のよう
　剝げてない　八十四でも　禿げてない

などなど、シンプルでいて笑いを忘れてないところが清志郎だ。

私はその微笑ましい写真を見てなんとも感動して、

「本当によかったですね」

と返信をした。

その実父は昨年（2013年）、4月2日に永眠する。その日は、奇しくも清志郎の誕生日だ。

発売中止

88年8月6日発売予定だった『カバーズ』は、東芝EMIによると「素晴らしすぎて」という理由で発売中止になってしまう。その後、紆余曲折を経て、8月15日、キティレコードからリリースされる。

有名なスタンダードナンバーに、日本語の訳詞をつけて演奏するための許諾を得ることはなかなか難しく、さらにこの時期、清志郎の過激な訳詞である。許諾が下りたのは、ひとえに東芝EMIの力であって、他のレコード会社ではスムーズにはいかなかったのではないかとの推察もある。

ここまでできあがっていたアルバムが発売中止になってしまったことに、レコード会社のプロモーションチームはさぞかし悔しい思いだっただろう。まっすぐなメッセージをカッコいい演奏に乗せてできあがった嘘のないアルバム、残すところリリースのみというところまできているというのに、このアルバムを世の中に知らせることができないなんて。

『カバーズ』は、いろいろな方向から「自由」の存在を世間に問う。そして、私がいままで知らなかった事柄を、本屋に並んでいる本からではなく、歌の力で教えてもらった初めてのアルバムだった。

ライブ会場でふつうは制限されるテープレコーダーによる録音を、『カバーズ』発売騒動以降、清志郎はステージ上から、

「どんどん録音しろー」

と叫び奨励した。

『カバーズ』は音楽業界のしくみのようなものにまで風穴をあけたアルバムであったと思う。

以降、清志郎は、曲を思いついてから発表できるまでのスピードがもっともっと速いタイマーズを結成し、「自由」を自分の行動によって過激に確認していく。

しかし、タイマーズの「手に負えない」というレッテルは、世間では必ずしも賞賛されるばかりではなかった。目には見えない「自由」は、あまりにも大きくて広く、捉え方のバランス感覚が、表現者によって無限大に存在する。自由であること、自由を感じることはとても素晴らしいことなのだが、その反面、非常にデリケートで難しい問題でもあるのだ。

そういえば、清志郎の妻の石井さんと娘さんの百世さんから、お父さんのことを「野生」と呼んでいると聞いたことがある。

「え？　野生って？」

私はおかしくって聞き返した。

「ん〜、やりたい放題っていうか……そんな感じ」

と、石井さんは返事に困って笑っていた。

ももちゃんも、

「野生って呼ぶと、『うん？』って、ふつうに返事をしてるよ」

と、なにくわぬ顔で答えた。

清志郎は家庭内で、野原に生まれた動物のように、感じたとおり思ったとおりに、生活していたのか……。サスガ栗原一家だ。

8月13日、14日に行われた恒例の「夏の野音ライブ」を音源とする『コブラの悩み』が、この年の12月16日に東芝EMIから発売された。

1曲目の『アイ・シャル・ビー・リリースト』では「陽はまた昇るだろう　東の島《しば》にも」と歌われている。さらに発売禁止騒動で表出したマスコミの不甲斐なさに向けて『軽薄なジャーナリスト』を歌う。

最後に『カバーズ』内で発売禁止の一因となった『ラヴ・ミー・テンダー』のショートヴァージョン『君はラヴ・ミー・テンダーを聴いたか？』が入っており、この時期の一連の出来事へのアンサーアルバムのように捉えられる。少なくとも、RCにおいては、いつまでも騒動を表立って引きずることをしなかったのは、そのときどきの流れをキャッチすることに長けた清志郎の判断だったと思う。

しかしこれから先、RCも清志郎もずっと深い「悩み」に向かって進んでいく。

明星即席ラーメンのうた

87年11月6日より、FM大阪でオンエアーされていた深夜ラジオ番組『忌野清志郎の夜をぶっとばせ！』の収録時、空いた時間に清志郎と三宅伸治はよくギターを弾いていたという。

シンちゃん（三宅伸治）が、通称『赤本』というコード譜のついた歌本を持参してジャカジャカやっていたときに、ザ・モンキーズの曲が目にとまり、『デイ・ドリーム・ビリーバー』を弾きながら、

「モンキーズはイイ曲が多いね」

「そうすね〜、ボス」

などと話していたそうだ。

すると次回の収録に、清志郎が『デイ・ドリーム・ビリーバー』の日本語歌詞を持

ってきたという。そこでシンちゃんはオリジナルの『土木作業員ブルース』を作って持っていった。そんな高校生のようなやりとりが、次々に曲を生み、バンドや衣裳のアイディアを広げていった。

衣裳については、作業着のカタログをみんなで回し見しながら、

「オレはこのニッカボッカだ」

「ボクはこの地下足袋《じかたび》だ」

と話し合い、後日購入に行ったそうだ。きっと通販カタログでショッピングする女子のような盛り上がりだったのだろう。想像がつく。

あるとき、清志郎から事務所にファクスが届く。それはタイマーズのメンバーの命名についてだった。ザ・タイガースをもじった命名だったのだが、トッピ、パー、ボビーと並んで、清志郎は「ジュレー」となっていた。私は一案として、「ゼリー」もいいのではないですか、との返事を返した。

すぐさま、

「ゼリーにしよう！」

「英語綴りでは『J』ではなく『Z』だね」

というファクスが届いた。どちらも柔らかそうでおいしそうな感触だ。さらに、ゼリーのフルネームが「ゼリー・ビーンズ」となっていた。これまたおいしそうではないか。

RCのツアー中に、清志郎がなにやらみんなにカセットを配っていた。このカセットこそ、その後にプレミアがついて海賊版が出回った『タイマーズのデモカセット』だ。それを手にした関係者はだれもがぶっ飛んだ。口にできないような歌詞がスピードのある曲調に乗ってしっかりと「歌」となっている。

1988年8月3日、富士急ハイランド特設会場で行われたイベントで、タイマーズはゲリラ・デビューを果たす。

この日は、忌野清志郎のゲスト出演枠だった。数日前、三宅伸治も出演することになって、楽屋のドアには「忌野清志郎 様　三宅伸治 様」と、貼り出されていたはずだ。ところがその部屋には、土木作業員の格好をしたメンバーが4人もゴロゴロしていたってわけである。

土木作業員が4人、ステージに上がった。

アン・ルイスを楽しみに、この平和なテーマパークに集まった何千人の聴衆は、ポカンとした顔でその光景をながめる。4人は楽器を手にした。

「オラ～、オラ～、オラ～」

とステージで乱暴に叫んでいる。なんて柄の悪いバンドなんだろう。

彼らは1曲目を歌いだした。ザワつく客席。ステージ上ではまるっきり関係ないって感じで、矢継ぎ早にどんどん曲が進んでいく。

あの歌っている人の声、なんだか忌野清志郎みたくない？　いや、ヘルメットとサングラスで顔がわからないけれど、清志郎？　合点のいったお客さんと、まだポカンとしているお客さんが、腰を振りだしたり、口をあけたまま棒立ちだったり、その反応も面白い。

そしてわけのわからない30分が過ぎ、土木作業員たちは、

「やってらんね～よ」

と捨て台詞を吐き、柄の悪い歩き方でステージを降りていった。

いや、いや、こっちこそやってらんないよ、何を見せられたんだろう。

しかし、柄は悪いけれど、どうやら人柄は良さそうな土木作業員に好感を持った人

もいたと思う。なんだかすごいものを見ちゃったなーという感じだっただろう。

タイマーズは、音楽ライブというか寸劇のようにも思える。まず、はなっからメンバーが土木作業員役だし、それもなんの偏見か、乱暴な言葉遣いで下品に振る舞う。ゼリーは、ニッカボッカと地下足袋になると、なぜかあんな言葉遣いになってしまうが、その勢いがたまらなく面白いと言っていた。

スタッフがステージに上がり、土下座をして観客にお詫びをするところからライブははじまる。

「タイマーズのメンバーはなにか事故に巻き込まれた模様です。まだ到着しておりません。本日のコンサートはやむなく中止とさせていただきます。す、すみません」

「えぇー！」

ざわめき立つ会場。荷物を持って帰り支度をはじめる人もちらほら……そこで三味線のイントロに乗って広沢虎造の浪曲が流れだし、メンバーが態度悪そうに入ってくる。

「オラ〜、オラ〜、オラ〜、嘘の情報に惑わされるなよ〜」

と、なぜか怒られる。そして、

「みんなでタイマーズを呼ぼう！」

と言い、アルファベットの一文字ずつプラカードを掲げて「ティー」「アーイ」「エ

ーム」って、もうすでにタイマーズはステージにいるのに。

やがて『タイマーズのテーマ』がはじまる。そこから次々に曲の連続だ。すでにこ

の登場から劇に吸い込まれていく「参加型寸劇ライブ」。盛り上がらないはずがない。

タイマーズは、次から次へと問題や話題に事欠かず、活動期間は短かったものの、

それはとても濃密な時間だった。

その頃、マネージャーになったばかりの私はゼリーに付き、他のメンバーのマネー

ジャーも全員女性。どこへ行ってもにぎやかだったのを思い出す。

曲選びにはゼリー特製のアンケート用紙がみんなに配られ、それぞれが思う曲に1

票を入れたり、理由なども書いたりして、スタッフも参加型で楽しい。

メンバーの書いてくる曲は、絶好調。音に乗せられる単語を次々と小気味よく連打

する。この言葉をたたみかける芸のセンス、音楽界広しといえどもゼリーしかできな

いだろう。

数多くのタブーをタブーとせずにやってきたタイマーズだが、一度だけ私が現場でゼリーに「これはやめてほしい」と説得したことがある。89年11月10日、横浜市立大でのライブだ。

すでにタイマーズは「エースコック」のCMソングに『デイ・ドリーム・ビリーバー』が起用されていたが、ライブでは「明星ラーメン」のCMソングを歌ってしまう。オモシロいっちゃオモシロいけれど、クライアントにとってはそりゃ、ジョーダンではないでしょう。その噂を聞いて広告代理店の担当者がライブを観にくるのだと、東芝EMIの宣伝チーフ・近藤雅信氏が私に言った。

「今日だけは、『明星即席ラーメンのうた』をやめてください。彼のクビが飛んでしまうかもしれない」

それをゼリーに伝えてほしいというのだ。自分が言っても多分効力がないだろうと。う〜ん。私はどうしたものかと考えた。『明星即席ラーメンのうた』はとてもカワイイいい歌だ。小さな男の子がお父さんといっしょにラーメンを食べたくて、急いで帰ったらころんじゃったという、すぐさま情景が浮かぶ、すてきな歌だ。それにタイマーズは何を歌ったって自由だろう。

しかし、スポンサーも器が小さいなぁ、明星ラーメン歌ったくらいで、天下のエースコックがどうなるわけでもないじゃない。紅白歌合戦で歌うわけじゃないんだから。そうだな、これは広告代理店の気回しだな。スポンサーに顔向けができないってことか。

でも、スポンサーはそんなに『明星即席ラーメンのうた』に目くじら立ててるってことかな。「他社の歌を歌われちゃって困ってます！」って宣伝すれば、どっちの会社も売り上げ伸びて、莫大な宣伝費がかかるところを、タイマーズの歌ひとつでまかなえるってこと……でも、ないか。

ゼリーは、明星ラーメンの最後に、

「グラッチェ、グラッチェ」

と、「エースコック」のCM内の決めフレーズも言っているんだけどな〜。

でも、こっちがそう思ったって仕方がない。今日歌ったら実際にクビになってしまうかもしれないわけだ。ここはひとつ穏便に済ませたほうがいいかもしれない。

私は近藤チーフの言葉を、そのままをゼリーに伝えた。

「なんで、事務所の人間がそんなことを言うのよ？」

ゼリーは訝《いぶか》しんだ。私は言葉に詰まり、返答に窮してしまった。

これじゃ、レコード会社の回し者ってことか？

う〜ん。タイマーズは、子どものような無邪気さで、社会の矛盾点をえぐる。

結局、その日は『明星即席ラーメンのうた』は歌わなかった。私も近藤チーフも胸をなで下ろしたのだった。

仏教系の大学の学園祭に出たときには、講堂のステージ奥にものすごく大きな「大仏」が緞帳《どんちょう》で隠されていた。そういう類いにはめざといメンバーだ。リハで、緞帳をまくったりしているのを学生に見つけられて厳重注意された。

「これだけは出さないでください！　大変なことになりますからね」

本番では案の定、緞帳はスルスルと開かれ、ドーンとバカでかい大仏さまが登場した。観客はものすごい盛り上がりを見せたが、実行委員は始末書だったらしい。学校をクビにならないでよかった。

こうした騒動を繰り返していくうち、メンバーは話し合った。最初から「始末書」

を腰に下げてステージに上がろうと。

私は、「始末書」と書かれた大きめな用紙を作って厚紙に貼り、腰から下げられるようにした。まったく演劇の小道具だ。それには丁寧にメンバーの拇印まで押してある。なにしろメンバーたちが、

「ハンコを押したい」

って言うんだから。

ステージには、小道具がどんどん増えていった。工事現場の夜間灯、それもグルグルまわるメチャメチャ派手なタイプ。ちょっと現場から拝借してきても、なぜだか、それはどこかの行程で盗まれてしまうのだ。拝借すると盗まれて、天下のまわりものみたいになっちゃって、その繰り返しには笑ってしまった。

夜はファミレスに集まってなにか企画会議みたいに作戦を練ったり、なんだかんだ盛り上がってばっかりいた。

放送禁止

テレビ史上、伝説に残った『ヒットスタジオR&N』事件は、スタッフにも完全な秘密裏のうちに計画されて、生放送当日、予定されていた曲とFM東京への報復的内容の歌詞とを入れ替えた。

その中で、「なんでもかんでも放送禁止だ〜」とゼリーが歌うその発端というのは、1989年9月、清志郎と山口冨士夫（ティアドロップス）の共作シングル曲『谷間のうた』が、FM東京（現TOKYO FM）とFM仙台により放送自粛扱いとされたことにあった。前年88年には、山口冨士夫もレコーディングに参加したRCサクセションの『カバーズ』の中でも『サマータイム・ブルース』『ラヴ・ミー・テンダー』の2曲が放送自粛になっている。

後者は反原発、反核をテーマにした曲なのははっきりしているが、前者は、歌詞が清志郎得意のエッチなダブルミーニング仕上げで、読む人によればすごくヒワイに取れるかもしれない、線引きのない個人的感覚の歌だ。

前日に都内でリハーサルがあり、私ももちろん他のスタッフもその場にいた。しかし、スタッフが席を外したその隙に、歌詞を入れ替えた曲を練習したという。そのときのメンバーのいたずらっ子のようなコーフン状態は想像にたやすい。そんな練習をしていたことを、メンバー以外、だれも知らなかった。

私の夫であるロケット・マツはタイマーズの『デイ・ドリーム・ビリーバー』でアコーディオンを弾いている。テレビ出演のため、もちろんこのリハにも出ていた。しかし、ことは極秘であった。妻がマネージャーなのだから、なおさらのことだ。前夜は話にも一切挙がらなかった。

そして、タイマーズは生放送中、不適切である言葉をガンガンに発し、名指しで抗議し、歌った。しかし放送は中断されずに、3曲目以降も続いた。

スタジオは騒然となり、メンバーは、

「やったぜ！」

というミョーな達成感。楽屋に戻ってきた彼らは、最高潮のコーフン度だった。一方、私は収録スタジオから楽屋までが、とてもとても長い廊下だったのを思い出す。気が急《せ》いていたのかもしれない。

近藤チーフに、

「とりあえず全員、マネージャーもいっしょにここを出たほうがいいです。後は任せてください」

と促され、みんなでフジテレビをあとにした。

急いで帰った清志郎宅の居間で、みんなで録画を観た。メンバーはスゴいスゴいと盛り上がったが、一部の女性の間では「下品！」という反対の声もあった。

私は実家の母と夫の母に、テレビを観てほしいと伝えてあった。しかしふたりともマスクで顔半分以上を隠した土木作業員がマツであることに、番組が終わっても気づかなかった。

「どこに出ていたの？」

と訊かれて、土木作業員のバンドだと言ったら驚いていた。

「じゃ、歌っていたのは清志郎さんなの？　なんだか下品な歌の？」

と言うので、そうだと言うと、

「やっぱり、声が似てると思ったのよねー」

とやっと納得した様子。聞かなければわからなかったのだ。

タイマーズのテレビ出演は、高齢者にとってはあれよあれよという間だったみたいだ。そして、義理の母は「不適切な言葉」に卒倒ものだったらしい。

メンバーは、録画を見ては、『FM東京　お○○こ野郎』のあとに、なに食わぬ顔で『デイ・ドリーム・ビリーバー』をつなげたあたりの落差が、

「スゴいすねー」

だとか、曲順が、

「いいすねー」

だとか、テレビの中の清志郎が口角に泡を飛ばしてるコーフン度を、

「サイコーすねー」

と笑ったりした。清志郎もいっしょになって笑っている。

私もスカッとしたが、それればかりではいられない。私はマネージャーなのだった。

翌日、編成局にお詫びに行った。心配していたが、ひどくキツいお叱りの言葉はなかった。それからフジテレビには呼んでもらえなくなってしまったけれど。

私たちスタッフがたとえ事前に知ってしまっていたとしても、出るかぎり清志郎は歌っただろう。そもそも事前に知らせるなんてことは、やりっこない。ただ歌いたいのだ。そして、スタッフを共謀者に巻き込むことはしなかったのだ。

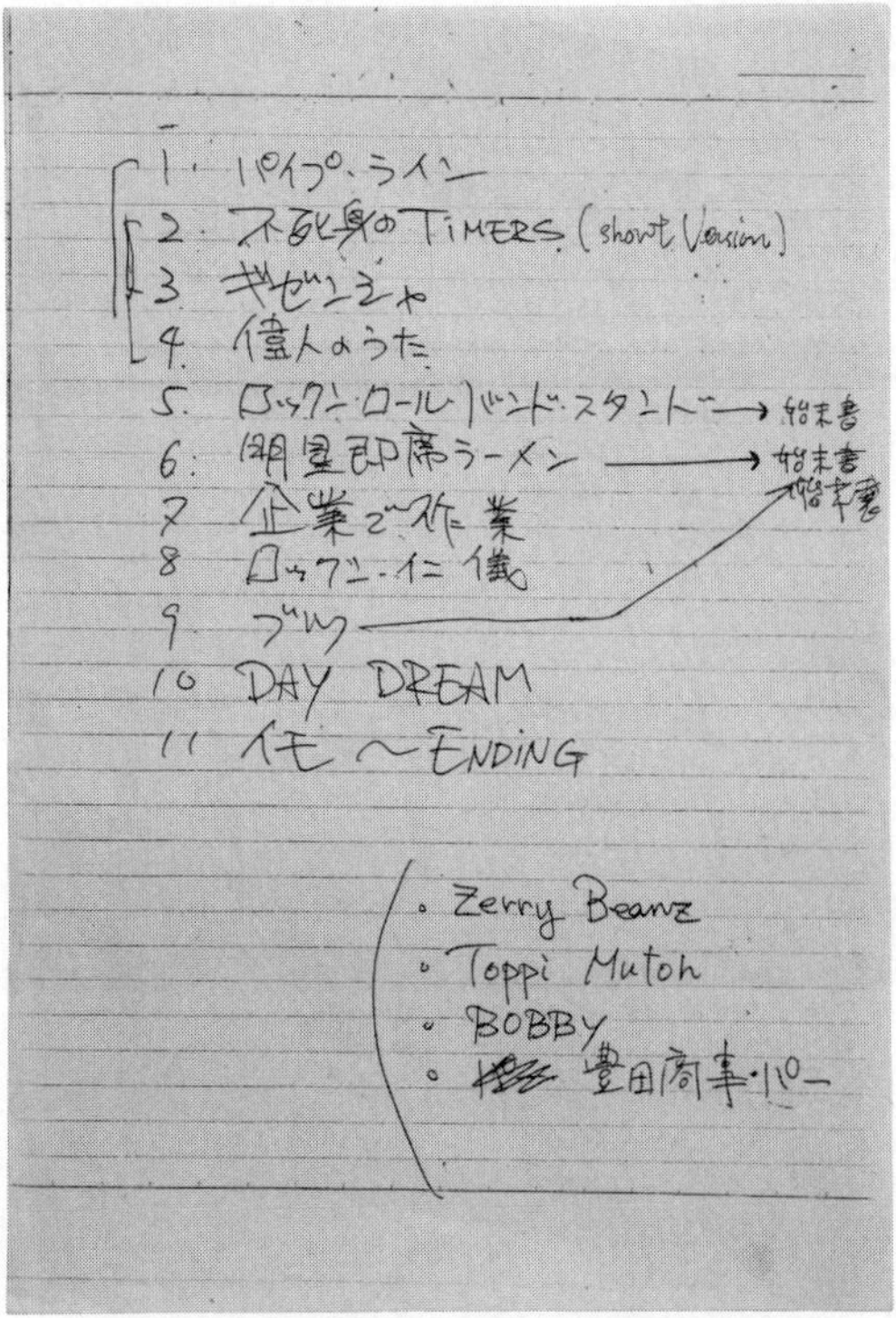

タイマーズのセットリスト。「ゼリー」ではなく
「ゼリー・ビーンズ」名義となっている

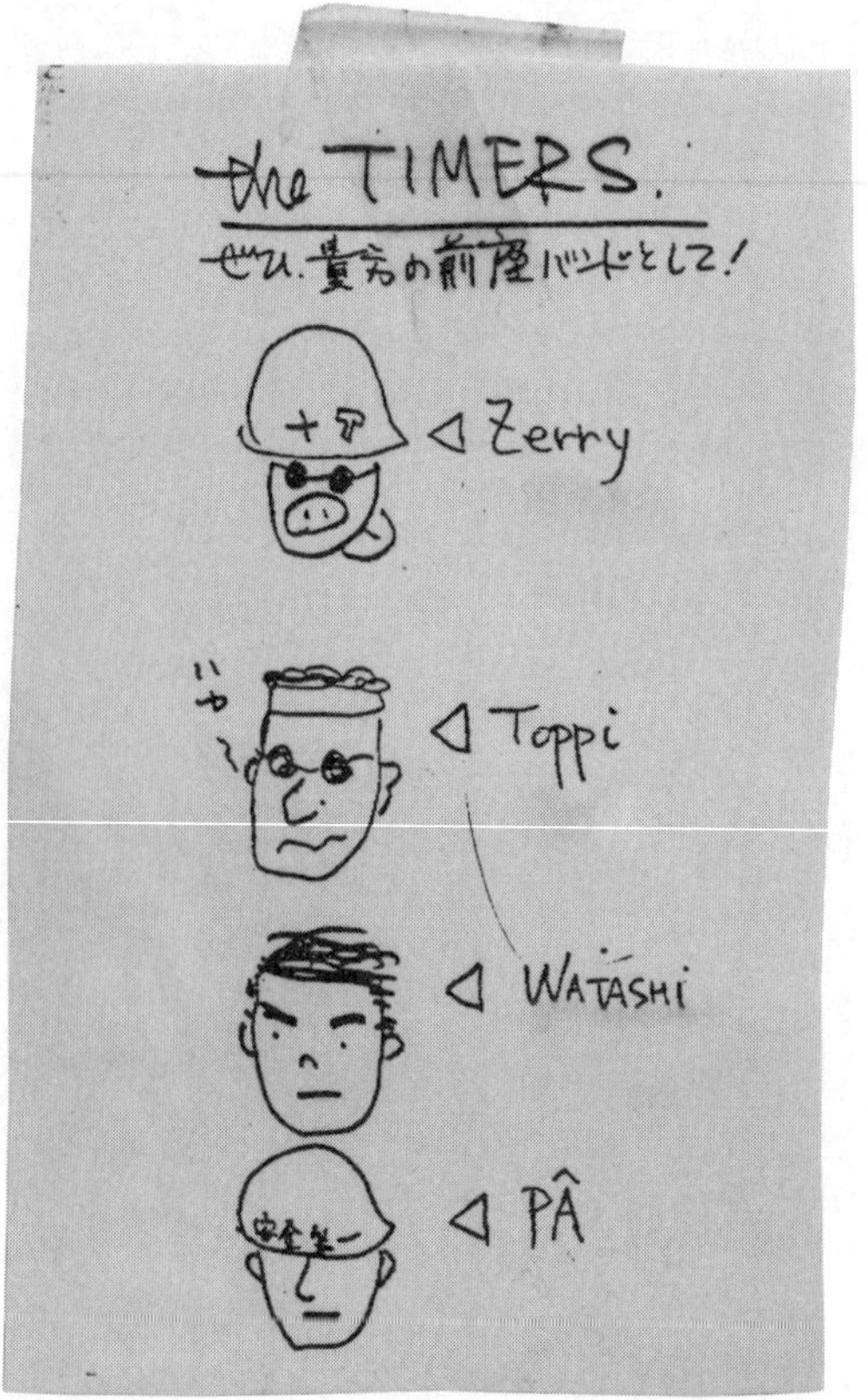

タイマーズの似顔絵イラスト入りメンバー表

第五章

ロックン・ロール・ショーは
もう終わりだ

空中分解

１９９０年、ＲＣサクセションの記念すべきデビュー20周年の年が明けた。節目の年はやっぱりお祝いが似合う。所属レコード会社はお祝いプロモーションを企画して、周囲はお祭り的なにぎわいをみせる。

各メンバーの個人的な活動が1月からはじまった。元旦早々、タイマーズはイベント出演、清志郎は各音楽誌などの取材を立て続けにこなし、チャボは自らのバンドのツアーリハーサル、そして2月20日から全国17カ所のツアー『STILL ALIVE & WELL』がスタートする。私は地方を含めすべてに同行した。

そして、Ｇ２の脱退が決定になったのもこの冬だった。清志郎と当時の社長はＧ２がいるスキー場に向かって車を走らせた。Ｇ２のスキーはコーチ級の腕前で、ＲＣがオフになると毎シーズンスキー場に籠っていて、ＲＣの中ではめずらしいアウトドアの「趣味人」だった。脱退の理由は、バンド内での音楽性の問題だと聞いたが、単に音楽上のことだけだったのかどうか、メンバーでない私には憶測もできない。

私は、柴田さん（G2）と、ツアーの移動日にいっしょに美術館へ行ったり、コンサートを観たり、東京では衣裳を買いに出かけたり仲よくさせてもらっていた。柴田さんがいなくなることは、やっぱり寂しい。私がRCに関わるようになってから初めてメンバーが抜けることになる。でもこういうことも乗り越えて、またバンドは進んでいくのだろう。G2脱退の知らせを早々に作り、各関係者、マスコミに封書であいさつをした。

チャボのツアーが終わると、清志郎は東芝EMIの企画のイベント『ロックの生まれた日』に「SMI（坂本冬美・三宅伸治・忌野清志郎のユニット）」で出演し、そして、RC本体は、5月後半からレコーディングリハーサルに入った。

新作アルバム『Baby a Go Go』のレコーディングプロデューサーである春日博文と清志郎は、当時、レニー・クラヴィッツとの仕事で頭角を現しはじめた「ヘンリー・ハーシュ＆デヴィッド・ドマーニッチ」という二人組のレコーディングミキサーをニューヨークから迎えた。彼らはヴィンテージ機材を使ったアナログレコーディングで有名だった。

春日さんが清志郎宅でレニー・クラヴィッツのアルバム『レット・ラヴ・ルール』を聴かされて盛り上がり、

「彼らは呼んだらきてくれるのかな」

と半信半疑、レコード会社に伝えたところ、なんとその思いは実現化したのだ。都内レコーディングスタジオの既存の機材をすべてバラして搬出し、オーダーされた機材を探しまわりレンタルするところから『Baby a Go Go』のレコーディングが始まった。が、始まってしばらくすると、また異変が起きる。ドラマーの新井田さんがスタジオにいない。いったいどうなっているのだろうか……。程なくまた音楽性の問題が浮上して、新井田さんが脱退をすることになってしまったのだ。なんてことだろう、こんな短期間のあいだにメンバーがふたりも辞めてしまった。RCは3人になってしまったのだ。

しかし、この時点ではこのことはまだ公表されていない。

新井田さんは脱退前に2曲を叩いているが、春日さんが叩いたドラムをエンジニアがいたく気に入って、このレコーディングのメインのドラマーは春日さんになった。

レコーディング中、春日さんを車で自宅まで送って行く間、その日の録音カセットを聴かせてくれるのだが、毎回変化があった。エンジニアのヘンリーが、ベースを弾いている曲を聴いたときには驚いた。いったいリンコさんはどうなるのか。

ある日ヘンリーはキーボードも演奏していた。その録音を聴いたときには、なんだかメンバーみんなが心を痛めている姿が心に浮かんだ。なによりもいざこざを嫌って平穏を好むチャボのこと、リンコさんはどんな気持ちなのだろう。そしてすべてを決断しているだろう清志郎のこと……。

後日、春日さんにお聞きしたことだが、ヘンリーとデヴィッドは、プロデューサーの春日さん以上に決定権を持っていた部分があり、だんだんとスタジオ内の雰囲気が悪くなっていったことは確かだったようだ。彼らのキャラクターを把握せずに、約2カ月間日本に呼んでしまったことも、いまから思えば乱暴だったと話していた。プロデュースの領域まで踏み込んでくる、強力なエンジニアだったのだろう。

春日さんは、

「このレコーディングは仕切り直しが必要だったのかもしれない」

とも言っていた。そうだったのかもしれない。きっとメンバーだれにとってもヘヴィなレコーディングだったはずだし……。しかし、3人になってしまったRCが、もしもここでレコーディングを仕切り直したとしても、もう二度とレコーディングは再開されなかったのではないか、とも私には思えるのだ。

こんな状況下でできあがった『Baby a Go Go』だが、私は、このアルバムの湿り気と乾きのバランスが好きだ。

この90年の流れは、79年、80年から81年に起こった上昇気流の加速度と、ある部分、似ているように思える。80年の明るい出口に向かって視野が開けていく感じと、90年の閉じていく感じ。どちらもみんなが出口を探している。どちらも加速度がものすごく早く、あっという間に物事が進んでいく感じを受けた。密度の濃いバンドの宿命なのだろうか。

カオス

この先の9月以降、すでにRCのツアーの一部が発表となっていた会場があったが、RCはいま3人になってしまった。この状態で約3カ月後にライブを行える可能性は限りなくゼロに近いのではないだろうか。3人であっても、RCには変わりはない。とはいえ、すでにみんなが知っているRCではない。話し合いの結果、関東7カ所のコンサートの中止を決め、7月13日の新聞紙上に中止広告を掲載した。

そして、私は、秋のツアーの件で、地方のイベンターの方々にすでにあいさつに出向いていたので、今度はそれを断りに行かなければならない。心苦しかったが、3人になったことは言えなかった。納得がいかないだろうところを了承してもらうしかないのだ。イベンターの方々は、それでも仕方なく受け入れてくれて、秋のツアー予定はないものとなった。

毎日が嵐のように過ぎていく。もう、なにが起こるかは計りしれないし、なにしろ対処する事柄でいっぱいだった。次々に報告しなければならないことが出てきて、レコード会社の近藤チーフはそんな状況を「カオス」だと言っていた。

3人のRCは、ドラムに春日博文、キーボードに厚見玲衣を加えて7月29日の横浜アリーナでのイベントのリハーサルに入った。3人のメンバーはこういった状況でも、去年とあまり変わらない雰囲気で演奏をしていたと思う。

スタジオの1階にある喫茶店で、清志郎やチャボがコーヒーを飲んでいる風景が浮かぶ。けっしていやな雰囲気ではなかった。この時期に仲違いをしたとか世間では言われているけれど、私が感じた限りは、そうは思えなかった。

春日さんは、八幡山の環八の近くにある練習スタジオで、ドラムの自主練習をよくしていたのを覚えている。私はたまにそこに顔を出してみた。初めて人前で叩くドラムが、横浜アリーナの1万人以上のお客さんの前なのだ。春日さんもなんともすごい状況下に入ってしまったものだと思った。

この間も、清志郎は20周年ということが重なって、半端ではない量の取材を受けていた。1日4誌以上のインタビューと撮影、それが数日続く。

「売れる前はさ、喉がカラカラでもお茶の一杯も出なかったのに、売れると飲みたくなくても出てくるんだよな」

と、忙しさの中でも笑って答えていた。

20周年企画の単行本『遊びじゃないんだっ RCサクセション』(マガジンハウス)の取材も進んでいた。豪華ブックレット付きのプロモーション盤「20TH ANNIVERSARY CD」が制作され、レコード会社の派手な宣伝も続いている。

アルバムのジャケット撮影のとき、おおくぼひさこさんのカメラの前に立つ3人を見て、つくづく深い感慨に襲われた。ため息の出るような重い先行きのわからない不安の中で、この3人の存在感の大きさをあらためて痛感したのだ。なんて強いのだろうか。3人は揺るがずに、まっすぐに強く立っていた。

でき上がったジャケットの、まっすぐ一点を見据えた3人の生きた目が、確実に何かを語っていた。

この頃、私は仕事上で、自分では思ってもみないミスが目立っていた。あるときは清志郎のコメント原稿の直すべきところを直したあと、チェックのために清志郎に戻したが、どこも直っていないと本人から注意を受けた。

またあるときは外部から、

「写真をセレクトする目が鈍った」

と忠告されたりもした。自分ではいままでどおり自信を持ってメンバー写真のセレクトをしていたつもりだったし、その目が変わった自覚はなかったにもかかわらず……。私はすべてのことに対して、もう何がなんだかよくわからなくなってしまっていた。


7月29日、3人のRCの最初のライブは、横浜アリーナで行われたイベント『'90 SUPER JAM YOKOHAMA』だった。入り口で撒かれたチラシには、おなじみのアサミカヨコ氏のイラストで、イタズラっぽい笑い顔の3人が描かれている。

「つ、ついに3人になってしまった！」

「メンバー募集？」

という言葉とともに。

レコード会社からの提案で、ニューシングルのチラシ上で3人になったことをお知らせしようということになったのだ。事前に脱退を知らせても混乱を招くだけだろう、目の前で観てわかってもらおうとなったのである。

ファンは、驚いたことだろう。まさか短期間で3人になっているとは思いもよらなかったはずだ。

横浜のあと、4本のイベントに出演した。仙台で行われた『ロックンロールオリンピック'90』のとき、会場は街中からは車で1時間ほど離れた場所だったが、清志郎から集合時間より自分は遅れたいので、あとでタクシーを呼んでほしいと連絡が入った。疲労困憊《こんぱい》だったのだろうか。私は他のメンバーを送り、みんなから遅れて清志郎とタクシーで会場へと向かった。

タクシーを降りると、清志郎はタクシー代を私に渡した。その必要はないとちょっとびっくりしていると、

「自分の都合でタクシーになったのだから」

と言う。いままで、集合時間に遅れてひとり楽屋入りをすることは珍しいことではなかったが、このときは意味合いが違った。疲れが溜まっているのだろうなと思ったが、会場に入るといつもどおりの清志郎だったので安心した。

前後して、突然に事務所の経営問題が浮上する。重大な金銭問題だった。89年に坂田社長から私たち若い者たちに任せてもらった事務所も、なにも形ができないうちに深刻な事態が発生してしまった。

もう、なにが起こってもおかしくない、次から次に問題が起こる。メンバーにも申し訳ない気持ちでいっぱいだ。

社長は解雇、私は「野音」を終えてから残務処理をして、10月には事務所を閉めることが決定した。

「せめて最後までしっかり仕事を終えよう」

と自分に言い聞かせる一方で、正直私は安堵もしていた。何もかも、もう自分の能力で解決できるレベルの問題ではなかったのだ。終末へと向かう濁流を前にして、私は無力だった。

そして、9月1、2、8、9日の4日間、1986年から続いた5回目の日比谷野外音楽堂のコンサートが発表となった。それからは、野音で販売するグッズや、野音の各スタッフミーティングもはじまって、とにかくそれに向けて走るしかなかった。

清志郎とチャボ

時期を同じくして、11月・12月の全国7カ所ツアーの話がはじまる。清志郎から相談したいことがあると連絡があって、千駄ヶ谷の洋食屋で食事をすることになった。

食後に切りだした話題は、ツアーについてだった。今度のツアーは、たまきは衣裳を担当してくれないかと言われた。私は、88年からマネージャー専任になり、衣裳の仕事は友人の女性あきちゃんに変わっていた。清志郎は、また衣裳に戻ってくれと言っている。なぜなんだろう。

このとき私は、冬のツアーを仕切るイベンターから、ツアーマネージャーとしての仕事を依頼されていた。私が会社に所属していない状態でのツアーなので、フリーとして雇うことを提案してくれたのだ。

全体を統轄する「マネージャー」ではなく、現場を仕切る「ツアーマネージャー」

だ。これまでRCのツアーに出ていた事務所のスタッフも冬のツアーは全員フリーになり、イベンターとの個人交渉になる。

実質、来年のRCの予定はなにも入っていないので、これが最後のツアーになるかもしれない。

長年つきあっているイベンターの蔦岡さんは、ツアーを無事に終わらせるためにも、私に楽屋にいてほしいと言ってくれた。チャボも、ぜひきてほしいと……。

この時期、清志郎が新しい事務所を設立した。閉社が決まった「うむ」の業務はここに移行することになる。冬のツアーは、その新任マネージャーが、蔦岡さんのサポートを受けながら、全体を統轄することになった。

彼は音楽業界は初めての人だった。彼がマネージャーであるならば、私は現場を仕切るツアーマネージャーで同行したい。衣裳係はあきちゃんに任せて。それであれば彼女もいっしょに行ける。なぜ、清志郎は衣裳係だと言うのだろう。

別れ際に、この半年ずっと気になっていたRCのことをひとつだけ、清志郎に訊ねた。

「チャボさんとはまた音楽を一緒にできますよね？」

彼は、

「それは……いまわからない」

と答えた。

「……すぐにはムリだと思う。3年後か4年後か……いまはそれもわからない」

と言った。それはリンコさんについても同じだと言った。

私はそれを訊いたことによって、RCは解散なのだろうか、これは胸に刻まなくてはならないのかと、残念でたまらなかった。


清志郎の取材時に、新任マネージャーが同行するようになった。私は取材の相手に彼を紹介するようにした。当然、いまの事務所が終わってしまうので、仕方のないことだとはわかっている。だけどなんともヘンな感覚だった。

私は何のために何をしているのだろうか……、ちょっと圧縮された気持ちにバイアスがかかって何がなんだかわからなくなってしまった。RCの仕事は辞めたくはないし、辞めようと思ったこともないのに……。

渋谷の喫茶店で、新任マネージャーとツアーについて何回かミーティングをした。清志郎から伝えられたとおり、衣裳係というオファーだった。どうしてツアーマネージャーではダメなのか。

話し合っても、結論は出ない。平行線だ。ただ、目の前の彼は、自分の意見ではなく、メンバー側の結論を代弁しているのだということが、私はときとしてわからなくなってしまう。そこを理解しなくてはいけないのに……。

毎日、泣いてばかりいたように思う。あまりにも目まぐるしい日々に追いついていけない。テンションの上り下がりに自分でも疲れ果てて、冷静さをまったく欠いていた。そんな感じを周りにも振りまいていたのだろう。えらい迷惑だったに違いない。

『I LIKE YOU』のプロモーションビデオは、アサミさんのイラストで、清志郎、チャボ、リンコさんがアニメーション仕立てになった。この日は、清志郎の映像と合成させるための撮影だった。人前でひとりで踊るのは、そんなに簡単なことではない。ちょっと固い表情の清志郎。

『I LIKE YOU』の曲に合わせて、アサミさんがこっち側でひとりヘンな踊りをしている。手足をヒョロヒョロ動かしている。

「こんな感じ！」

っていうふうに自ら踊ってみせている。

それが可笑しくってみんな笑って、清志郎も笑いながらその踊りに従ってだんだんと表情もほぐれて、大成功で撮影が終了した。

横で見ていた近藤チーフは、

「サイコーのディレクションだね！」

と感心していた。

夜遅くスタジオを出て、アサミさんと六本木の交差点まで歩いた。

いま私が置かれた状況をわかったうえで、アサミさんは言った。

「たまきが行きたいのはわかる。でも、ツアーに行っちゃうと、つきあいの長いイベンターやメンバーは、たまきを頼りにしちゃう。それだと新しいマネージャーが育たないよ、ここはもう身の引きどころじゃないかな……」

アサミさんに言ってもらえて、私には、まだまだはっきりと自覚できていないところに気づいた。選択する理由は自分だけのことではなかったんだ。それまで私は、みんながちょうど席に納まって平和に行けたらいいと思っていた。

いままでの自分のキャリアが邪魔をする、でしゃばりの自分の性格も邪魔っけだ。みんな邪魔だ。

どちらからも身を引く。これ以上の決定はない。

私は涙ぐんでいた。ずっとずっと泣いていたかった。

新任マネージャーに、ツアーには行かないことを話した。この話もこれで最終回だ。

無期限活動休止

９月の「野音」が終わり、事務所は残務整理に向かった。事務所のスタッフもそれぞれ12月のツアーの仕事は決まった。来年からの仕事を紹介しようとしたが、アシスタントマネージャーだった白神くんは、ＲＣの仕事ができないのならば、音楽業界に残るかどうかは考えるという。

デスクの北川さんは、もし私が次に勤めるところが決まったならいっしょに行きたいと言う。ありがたいけれど、いまはあてはない。

これまでお世話になった方々へ、ご挨拶状を送った。

10月5日、事務所のカギを返した。

数日後、チャボに自宅へ食事にこないかとお誘いを受けた。チャボと奥様のおおくぼひさこさんと、ひさこさんのアシスタントの延藤さんが遅れてやってきた。

ひさこさんの手料理、鍋料理は温かくておいしかった。日頃、カメラマンの第一線で活躍しているひさこさんの多忙な中での手料理だ。薬味の浅葱《あさつき》がものすごく細かく刻まれていたのが、なぜだかいまでも印象に残っている。上品で丁寧だった。

深夜までお邪魔した。タクシーをひろうのに明治通りまでチャボが送ってくれた。

夜道を歩きながら、私は清志郎にした質問と同じことを訊いた。

チャボは清志郎とはちょっとニュアンスの違う言葉だった。

「しばらくしたら、少し時間をおいたら、またいっしょにできると思う」

と答えてくれたのだ。

「私生活で家族で付き合ったり、タッペイちゃんと遊んだり、そういうことはできるけれど、音楽をいっしょにやっていくのはいまはムリなんだ」

清志郎もチャボも、ふたりとも同じことを言ったのだ。

「それはいつかはわからない」と。

ふたりとも丁寧に答えてくれた。いままでずっといっしょだったから、はぐらかさずに、ちゃんと答えてくれたのだ。私はとても悲しかった。

私は、なぜ最後のツアーだとわかっているのに、衣裳係を引き受けなかったのだろう。私が行けば、衣裳のあきちゃんは行けない、その考えももちろんあったと思うけれど、大半を占めたのは、プライドだったのかもしれない。いつのまにかマネージャーという位置にプライドを持つようになってしまったのだと思う。

ずっと前には持っていなかった必要もないプライド。清志郎は、その私のプライドをとっくにわかっていて、私に衣裳係をすすめたのかもしれない。

そしてすべてが終わったというのに、しつこい私は清志郎にもういちど直訴したのだ。

取材の帰りに見送った清志郎の車を追いかけて、窓を叩く。窓を開けた清志郎に、

「衣裳でもなんでも、私を連れて行ってください」

と懇願したのだ。冷静さのカケラもない私の行動に、清志郎は、

「オレにはコマがたくさんあるんだ。たまきでなくとも、だれでもいいんだよ」

と言った。

私は、そこに立っていることもままならなかった。

12月に入ってマツと長期旅行に出かけた。いままで長い休暇がなかったからいい機会だった。

RCのことはすべて忘れようとした。あきれかえるくらいの自分の執着心に、いい加減さよならしたかった。

91年、RCサクセションは無期限活動休止に入る。メンバーはそれぞれに別れて、

違った道を進んでいく。

第六章　サヨナラはしない

青い空

91年初冬から、私は金子マリのマネージャーに就いた。

マリさんは、次男賢輔（ベーシスト・ＫｅｎＫｅｎ）が小学校に入学し、子育てから手が離れてソロ活動を再開する時期だった。ソニー・ミュージックエンタテインメントと契約を結び、米米ＣＬＵＢの事務所内に新たにセクションを立ち上げてもらった。そこでは「うむ」のデスクだった北川さんもいっしょに働くことができた。

マリさんと私と北川さん、３人で新しい事務所「Wie Pie（ウィーパイ）」がスタートした。90年の、行く先を見失った自分をまた仕事が支えてくれて、マリさんの歌声に救われたのだ。

彼女の3枚目のアルバムの制作中、マリさんが私に作詞の仕事をくれた。

『青い空』という歌詞を書いた。この曲は、１９９５年リリースのアルバム『リヴァー・オブ・ライフ』に収録されている。マリさんはとても気に入ってくれて、ずっと歌い続けていてくれている。2008年にリリースされた彼女のライブ盤にも入っていて、とてもうれしかった。

それはRCとの別れの経験を、私なりに書いたものだ。

「確かめることに必死だったけれど、確認すればするほど傷ついていたんだ。そんなことは必要のないことだったのかもしれない」

RCとの最後の時代を、私はそんなふうに感じていたのだろう。

最後のフレーズの「さあ、もう窓を開けよう」――5年が過ぎて、やっとそんな心境になれたのだと思う。

『青い空』

作詞／片岡 環
作曲／佐橋佳幸

描きあげたばかりの　絵をありがとう
よく似たやさしい瞳を　思い出してる
遠い空の街から　笑顔が届く
あなたのにおいをのせ　風が配《はこ》ぶ

その手を離してしまった時の
こわれたままのあの毎日
確かめることが　傷つけてた

サヨナラなんて言葉　もういらない
泣きやんだ青い空　窓を開けよう

大きく両手を広げたような
光を集めた樹の下で
きっと会える　夢みたように
サヨナラなんて言葉　もういらない
泣きやんだ青い空　きっと会える
心の約束　きっと会える

92年だっただろうか、中野サンプラザだったか。だれかに誘われて清志郎のコンサートを観にいった。やっぱり少しは躊躇《ちゅうちょ》したが、思い切って行ってみようと決心したのだ。

終演後に連れ立って楽屋に顔を出したら、

「おー、よく来たね！」

と、清志郎はびっくりしていた。かつて、清志郎は楽屋を訪ねてくる人に、

「どうだった？」

と、よく訊いていたけれど、私も同じフレーズで急に訊かれたものだから、なんだか気の利いた返事ができなかった。こんなことならば、答えを用意していればよかった。ちょっとは何か感想でもなんでも答えられたらよかったのに。

もう、なんて答えたかも忘れてしまっている。ただ、ニッコリ笑って握手したことだけは覚えているのだ。

93年に『忌野旅日記』の文庫化の話があがっていると清志郎の事務所「ベイビィズ」から連絡があった。私が聞き書き役をした単行本から6年も経っている。

私は、90年にRCの事務所を閉じてからそれまで、なんとなく清志郎から遠ざかっていた。ライブにはそうそう足を運ばなかったし、様子は噂で聞くくらいだった。それはやはりあの激動の1年が心に重く、まだまだ癒えていなかったのだと思う。

そんな頃に、新たな加筆分をまた聞き書きしてもらえないかとお話をもらったのだ。

が、うれしさの中には複雑な気持ちが50％くらいはあって、清志郎に会うのがちょっとコワかった。

でも、私を指名してくれたことは手放しでうれしい。きっといつかどこかでまた初めて再会するときには、この複雑な心境は必ずつきまとうわけで、それがいまだと思えばいいことなんだと納得した。

渋谷駅から桜丘の坂を上る。

清志郎の新しい事務所があるマンションは、偶然にも、RC時代にお世話になったデザイン会社と同じビルで、この道は本当によく通った。

清志郎と、横にマネージャー、向かいに私で、長いインタビューがはじまった。清志郎はあの頃とぜんぜん変わっていなくて、

「や〜、今日はよろしくね！」

と笑った。私も笑った。

清志郎を目の前にして長時間話すことは、長く関わっていた私だけれど緊張はする。この日は、あまり丁寧な敬語は使わないように心がけた。丁寧すぎると、私が縮こまって気を遣っているように思われるかもしれないと考えたのだ。

でも、なんだか考えすぎるとかえって逆効果かなぁ、とか、もう頭の中は複雑に入り組んでいた。

清志郎の話は、あの頃と変わらずに、いや、パワーが増したようにオモシロく、爆笑の連続だった。

「どうしてそんなおかしな出来事が起こるの？」

だんだんと昔の感覚が戻り調子が出てきて、楽しく話が進んだ。

この日、仕事で会えてよかったなとつくづく感じた。それに、清志郎のこの明るさが私にはうれしい。いくつものトラブルを消化し、新しく進むということが表現者の性なのかもしれないなと、思った。

その頃、会報『どんちゃん画報』に清志郎がスタッフを語る『裏方犯科帳』というページがあって、そこでは清志郎がけっこうズバズバ本音を言ってるのがかなり面白いのだけど、後日、私が載っている新しい号が事務所から届いた。

恐る恐るページを開いてみると、

「久しぶりにたまきに会ったが、何も変わっていなかった」

と書かれていた。

あぁ、同じようなことを思ったんだなと、ちょっと安心する。

しかし、「愛すべきルーズ」と、私が、間際になってワープロを借りたり、締め切りぎりぎりまで書かないこととか、痛い指摘も載っていた。

そして、

「初めてツアーにきたときは子どもだった」

「かゆいところに手の届くおかみさんのようだった」

「あとは本物のおかみさんになることだね」

……などとも。

そうか、あのアイロンの頃、私は子どもだったけど、おかみさんでもあったのか。

ずいぶん前に、山梨の温泉で、行きがかり上、清志郎とアサミさんと私の3人でストリップ劇場に行ったことがあったのだが、そのことについても触れられていた。私がどこからか割引券をもらってきたこと、焼き鳥まで買って送迎バスに乗りこんだこと。そうか、かゆいところに手の届くって、こういうことを言うのか。

最初の『忌野旅日記』で、清志郎のおしゃべりをいろいろ聞いて、

「人のことをよく観察してるなー」

といつも感心していたが、彼がもの静かにしているときは要注意だったのかもな。ジッと私のことを観察していたのかもしれない。なんだか私はうれしかった。


1年後、8月13日、私はこの夏を待っていた。

日比谷野音『グラッド・オール・オーヴァー』で、清志郎とチャボは共演を果たす。あれから4年、またふたりがいっしょにステージに立てる日がきたのだ。私はとっても遠くから「いつかきっと」と心待ちにしていた。

清志郎とチャボのつながり方には、大きな円の中にいっしょに入っているイメージがある。どこかがつながっているというのとも違って、たとえ離れたとしても、環の中だから常にいっしょにいるのと同じなのだ。私はそんなふうに感じている。


95年、夫のマツが「パスカルズ」というバンドを作った。そもそも彼との出会いは遡《さかのぼ》ること30年ほど前、RCと同じ「りぼん」に所属していたTHE CONX（ザ・コンクス）というバンドで彼がキーボードを弾いていて、真駒内のイベントでRCといっしょのステージに立ったのがきっかけだった。

パスカルズは、チェロが2人、バイオリンが4人、ギター、ウクレレ、バンジョー、パーカッションが2人、トランペットに、トイピアノ、ピアニカの計14人の、なんだか個性的な人間ばかりの集まりだ。こんな大所帯でヨーロッパを1カ月くらいツアーをしてまわる。いまや親戚みたいになっている。

96年に、私はマリさんとの仕事から離れ、同時に音楽業界からも離れた。パスカルズの手伝いをしていたので、正確に言えば、音楽の仕事から完全に離れたわけではない。けれど、パスカルズはいままで私がいた「業界」という場所からはほど遠く、ホントにインディーズなバンドなのだ。メンバーの親戚のような関係も私には優しく感じられた。

私は友人5人と阿佐ヶ谷に「8039」というカウンターだけの小さな飲み屋を開いた。99年のことだ。

「知人の持つマンションの1階店舗が空いたからだれか借りないか」

と友人が話を持ってきて、その場にたまたま居合わせた5人がマジメに全員申し出て、日替わりで店主を務めることになった。私はこの年の10月に父を亡くし、喪も明けるかどうかの11月、「8039」は開店した。

まず店の屋号を決めるときから6人が主張しあってなかなか決まらない。仲はいいのだが、もう前途多難の雰囲気だった。それだけで2週間くらいかかっていたので、もう、単純に「8039」という店の電話番号を店名にしてしまった。

「パオサンキュー」という読み方なのだが、「ハチゼロサンキュー」とも読める。なかには、

「ヤオサクって、お店出したのね、今度行くね！　おめでとう」

と、そりゃ読めないこともないが、自分がオメデタイような友人もいた。

ここは、毎日ママが変わる、ほぼ知り合いしかこない、よってあまり収入にもならない、いいんだかどうだか、でも楽しい、まぁ、そんな店だった。知り合いのミュージシャンのお客さんも多く、ヘンな編集者やどこからか噂を聞いてRCファンのお客さんもきてくれた。

そして、いちど清志郎がふらりと立ち寄ってくれたことがある。

その日はたまたま、別の女性（あずちゃん）の担当日で、私は不在だった。清志郎は、私の曜日を知っていたが、その日、自転車でツーリングした帰りにふと思い立って寄ってくれたのだった。

あずちゃんは、自転車を引いて店内に入ってきた人が、もちろんだれだかわからなかったが、

「いや、いや、いや……」

と言いながら彼がヘルメットを外したときに、

「うわっ！　清志郎だっ」

とドギモを抜かれたそうだ。

そのとき、ちょうどお客さんはひとり。あずちゃんとその常連客の女性が何やら話していたところで、清志郎はカウンターに座るやいなや、ふたりを見て、

「恋の相談でもしていたんですか？」

と、いきなりセリフのようなあいさつをカマしたらしい。

女性はふたりとも、これ一発でメロメロになったと喜んでいた。

その後、持ち前のおかみさん気質が顔を出したのか、私は、店の近所に住む清志郎

と仲のよいギタリスト石田長生さんと、ベーシスト藤井裕さんを遠隔操作で店に呼び出した。清志郎が来てるから行ってあげて、と。清志郎と聞くとふたりとも喜んで駆けつけてくれた。どうやら3人は朝の4時までワイワイやっていたらしい。

ピンチヒッター

2003年のある日、清志郎のマネージャーの小山くんが「8039」にやってきた。小山くんはときどき顔を出してくれては、独特の優しいネバッた喋り方で世間話をして帰る。

その日はなにやら頼み事があるらしく、私に「冬からはじまる全国ツアーのパンフレットの編集を頼みたい」というのだ。や〜、ありがとう！

でも、清志郎とはずいぶんとご無沙汰してるし、どうかなぁと答えると、小山くんは、

「できますよ！　適任です！」

と、『忌野旅日記』のときの清志郎みたいなことを言う。それで私は受けることにした。

私はまた、清志郎にインタビューをしたり、原稿を書いたり、写真を選んだりと、現場に戻ったような、ずいぶん懐かしい仕事をすることになった。

「パンフレット、よろしく頼むよ！」

と、清志郎は言って、待ち合わせの喫茶店のイスに座った。

久しぶりに会う清志郎は、ごく自然に歳をとっていて、抗《あらが》わず力を入れず……、そんな印象を受けた。

「清志郎節」も相変わらず炸裂していた。ツーリングで行った高原のレストランの壁に飾ってあった長ーい角笛、いったいどんな音が出るのだろうと、内緒で吹いてみたら、なんと大きな音が出ちゃって、お店の人が驚いてすっ飛んでやってきた。怒られるかと思いきや、

「この笛の音を初めて聴いた」

と逆に喜ばれた話。清志郎も思い出しながら大笑いしてる。こんな感じで楽しく時

間が過ぎていった。最終日のインタビュー後、行きつけの店で打ち上げをした。雑談の中で清志郎は、

「人をコーフンさせる仕事をしてるんだから、自分がコーフンしないとダメだよな」

と言った。清志郎は、オンオフ関係なくポロリと名言を吐くものだから、インタビュアーは気が抜けない。私がツアーに同行していた80年代、立てた髪も派手なメイクも強力な化粧品でキープしていたけど、

「最近は、汗で落ちる姿もなかなかいいものなんだ」

と、またポロリ。ワインを飲みながら、ほほぉ〜とした日だった。

小山くんに誘ってもらってまた清志郎とひとつ仕事ができた。そしてこのツアーの都内のライブを数カ所、観ることができた。


翌年、事務所に新年のごあいさつを……と思いつつ、ズルズルと2月になってしまった。ようやく「ベイビィズ」を訪ねると、運よく相澤さんに会うことができた。

開口一番、相澤さんは言った。

「あら、留守電を聞いてきたの？」

私は意味が呑み込めずにいた。

お話を聞くと、実は、このツアーの衣裳担当スタッフが、数日前から連絡が取れなくなって、その後の連絡も行き違いのまま、結局は辞めることになってしまったという。

なんとロックな出来事……。ツアーはファイナルの渋谷公会堂を残すのみ、なのにどうしたのだろう。なにがどうしてそうなったのか。

それまでもRCや清志郎の周りでは、こんなロックっぽいことはけっこう起こっている。スタッフはみんないい意味で個性的なので、辞め方も超個性的なものが多い。そんな中でも、赤ちゃんが産れる1カ月前まで働いた、あるスタッフの退職祝いの席のことを思い出した。

内輪の出席者を前に、清志郎が乾杯のあいさつをした。

「ワタクシの芸能生活はじまって以来の、初の円満退社です!!」

これには全員が大受けだ。実に高校生でデビューして約35年、このときまで円満退社はひとりもいなかったのだろう。かくいう私も円満からはほど遠い……。

相澤さんは私に、渋谷公会堂の衣裳をお願いしたいのだけれど、と言った。とてもありがたいお話だ。だけどもう私は現場を離れて10年以上が経つ。ちょうど何カ月か前に、ツアーパンフレットの編集をしたり、いくつかライブを観たりして、おぼろげながら最近の清志郎の感じはわかったけれど、はたしてこれが、渋谷公会堂のような大役の「助走」になるだろうか。ましてライブは数日後だ。でも、他にはだれもいないじゃないか……。

私は仕事を受けた。しかし、ちょっと焦っていたのも事実だ。

早速、いまある衣裳を見せてもらうと、とてもステキな物ばかりがキレイに整理整頓されていて、センスの良いスタッフが担当していたのだなと思った。

3日後、渋谷公会堂までの坂道を行く。

渋谷公会堂はRCのホームグラウンドだった。懐かしい。ステージでは朝早くから、舞台、音響、照明、楽器のスタッフが、ライブステージを作り上げている。そこには知っている顔のスタッフもいて、ちょっと安心した。私はさっそく、まっさらな楽屋で準備をはじめた。

まずは清志郎が座るところを決めてメイク道具を広げる。衣裳を広げる。大量のアクセサリーをズラッと並べる。そんな作業をしながら、ふと、楽屋にひっそりと漂う空気が、昔となんら変わっていないことに気づいて驚いた。遥か20年前に初めて楽屋に入ったときのことを思い出していた。

その部屋は広く、鏡しかなく、何からはじめようかとひとりで考えたな。今日はなんだか複雑な心境だ。よそからきた転校生のような……。

「ふつうにしていればいいんだよ、いつもどおりふつうに」

ってだれかがささやく言葉が聞こえる。

ときどき、古くからのスタッフが、

「たまき、どう？　大丈夫？」

と顔を見にきてくれた。

メンバーが楽屋に入ってきた。サックスの梅津さんや片山さん、三宅シンちゃん……、何人か知った顔がいるから心安い。

清志郎がやってきて、

「急で大変だろうけれど、よろしく頼むよ！」

と言って握手をした。

私は衣裳の仕事を離れて10年以上も経っているし、清志郎も不安かなぁ。

一息ついて、衣裳の打ち合わせをはじめるが、なんだかやっぱりぎこちない。私はふとした隙に、どうしてここにいるのだろうと思ってしまう。楽屋にふたりのときは張りつめた感がある。

そもそも清志郎は衣裳部屋では、おしゃべりではないのはよく知っている。衣裳部屋にいるときは、メイクや、マニキュアや、お灸をしながら、静かにジッと佇んでいる。そんなところもよくわかっている。

やっぱりこれは、私が沈黙に弱いだけなのだ。清志郎は飄々《ひょうひょう》と、静かにそこにいるだけで、どうやら私だけが意識してしまっているのだ。

でも、私が用意した衣裳を、

「どれ？　どれ？」

と言いながら、覗き込む清志郎の姿は、まるで変わっていないように思えた。

ライブを観て、人は自然に年相応に変化していくものだなと、ステージを右へ左へ動く清志郎のシルエットを追いながら思う。昔みたいに、とっても高いジャンプはないけれど、そんな過去のハードルは自然に軽々と超えている。それになんだか昔より「味」が濃くなったみたいなライブだ。

この日は、どうにか無事役割をこなすことに集中できた。けれど、終わってみると、ちょっとした寂寥感《せきりょうかん》みたいなものが浮かんでくる。今回はピンチヒッターで役には立てたけれど、次の予定は特にない。でも、この一回だけでも、またいい経験をさせてもらった。それで十分だ。

エロ本

渋谷公会堂から10日後、パルコ劇場で行われた『ONE MAN SHOW』でも、引き続き衣裳係のお話をもらった。とにかくもう一度清志郎と仕事ができるのは、とても光栄だ。

このライブは、出演者が清志郎ひとりきり。プロデュース、演奏、演出も清志郎だ。それも2日間。清志郎がデビューして以来初の試みだ。

なんでまたこんなハッピーなことを思いついたのか……。清志郎がエンディングで言っていたが、どうやら三宅伸治の提案だったらしい。さすが、シンちゃんだ。ファン垂涎《すいぜん》の的を心得ている。

このライブは清志郎による演出が魅力でもあった。

『誰かがBedで眠ってる』という曲で、ドラムセットを中心に、左に2本、右に1本、オープンチューニングされたエレキギターを立てて、清志郎は、ドラムを叩きながらリズムをキープして、合間にその3つのギターをスティックで叩き、コードを奏でて歌う、「ギターの弾き語り」ならぬ、「ドラム叩き語り」だ。

そして、ライブは歌っているうちに夜を迎え、着物に着替えて、『おやすみ』という曲を歌いながら布団に入って寝てしまう。翌日のライブでは、朝を迎え目覚まし時計に起こされて、『おはようダーリン』を歌いながらまたライブが続き、また床につく。こんなシナリオになっているのだ。

ライブの最後に布団に入るとき、「薬」を飲むから用意してと清志郎に頼まれて、私は、サイクルトレーナーの藤下さんからもらったサプリメントを細かくして紙に包んだ。それをまるで執事みたいにビシッとスーツで決めたギターテックの山本くんが、おぼんに載せて持っていく。

布団に入った清志郎は、

「おっ、薬飲まなきゃ」

という具合に、包みを開けて湯のみの水で飲み込む。

私は客席からもわかるように両手くらいの大きな白い紙で薬を包んだ。清志郎は広げるのにちょっとたいへんそうだったが。

ライブのあと、

「なんで、あんなに大きな紙なの？」

と清志郎が私に訊いてきた。

「遠くのお客さんまで薬の包みがわかるように、大げさにしてみました……」

「ふーん」

「やめますか？」

「いやいや。そうか……」

私は、頼まれてもないのに「パルコ」の地下の本屋でスケベな雑誌を買ってきて、リハーサルのときにステージのちゃぶ台に置いた。清志郎は布団の中で、薬を待ちながらエロ雑誌を見つけて、ペラペラとページをめくっていた。リハーサルの後の楽屋で、

「なんで、エロ本なの？」

と、訊かれた。

「や、なんかそんなイメージ。夜で、布団で……」

「ふーん、そうか」

「やめますか？」

「いやいや。そうか……」

これはダメ出しなのか……、それ以上は私は訊けなかった。結局、薬の包みもエロ本もそのままだったから、どうにかセーフだったのだろう。

ときどき清志郎はこんな感じで質問してくることがある。ダメだったのかなと思うけど、それ以上は言わないので、なんだかそうでもないようなのだ。こういうとき、私は困ってしまう。どう受け取っていいのか迷ってしまうのだ。

ナンバーワン

衣裳係のピンチヒッターは、パルコ劇場の『ONE MAN SHOW』のあとも、年内の分はレギュラーで仕事をもらった。私は平行して「8039」にも出ていたけれど、新しくスーツやブーツを作ったり、衣裳係としてもだんだん忙しくなってきた。2004年の清志郎はイベント出演が多かったのだ。

「普段着じゃないんだからさ、衣裳は派手じゃなくっちゃ」

と言う、清志郎の言葉に沿うよう、私は「派手」をまずは基準に、あのどぎついメイクに負けないような布地を探す。この頃の私の仕事は、80年代の衣裳の仕事とはまた違って、布地選びからはじめられたので、やりがいが増した。

清志郎と相談しながら進めていくのも楽しい。スーツができあがって最初に手を通すときに、

「お似合いですね！」

と言うと、清志郎は、

「いやぁ、オレは、なぁんでも似合っちゃうの！」

と、必ず言っていた。

デビュー35周年にあたる2005年は、アルバム『GOD』が3月2日に発売され、35年前のデビュー曲の発売日である3月5日までの4日間、渋谷パルコ劇場で『2005★GOD Presents ロマンスグレー35』が行われた。清志郎を祝いにたくさんのミュージシャンの友人、お笑い芸人が集まった。

清志郎はこのイベントでは「ドレスキャンプ」というファッションブランドの衣裳を着用し、いつものライブではお目にかかれないような黒一色や白一色のスーツ。襟元に大きな同色のコサージュを飾り、膝までの細いロングブーツ、かなりデコラティブなスタイルで、タンクトップには「GOD」と「35」の文字が光り、ヘアスタイルも横分けっぽく、いつもと違う。

「なんでも似合っちゃう男」なので、まるでパリコレのようなファッションも似合っていた。しかし、この「着倒し感」はどこからくるのだろう。ステージを降りるとごくふつうの男性なのに。

このライブには、もう観ることもないのか……と思っていたタイマーズも出演した。ファンは大喜びだ。

が、なによりも、仲井戸〝CHABO〟麗市の名前があったのは、ファンにとってこの上ないプレゼントであり、清志郎にとってもビッグプレゼントであっただろう。

ふたりが並ぶ姿のライブは、清志郎の30周年記念の武道館ライブ『リスペクト！』から5年ぶりだろうか。RCの活動休止以降、初めての共演になった94年、野音の『グラッド・オール・オーヴァー』から数えると、すでに11年が経っている。

「35年来の友達です。仲井戸麗市、チャボ。紹介しようー」

と清志郎に呼びこまれ、大歓声の中をチャボがステージに上がる。チャボはゆっくりとステージをぐるっと歩き、メンバーひとりひとりと握手してあいさつをする。まだ音も出ていないのに、この間合いすらも贅沢に感じる。

ふたりが並ぶ。清志郎が、

「何しにきたんだね？」

とふざけると、

「ちょっとタワーレコードに用があって」

と答える。

昔からこんな感じの掛け合いをよく観ていた。RCの曲を1本のマイクで歌うふたりの姿は、なんら変わりないベストショットだ。

アンコールではふたり寄り添って登場して、つないだ手を高く掲げる。客席からは歓声がとまらない。清志郎もチャボもちょっとはにかんでいる。

チャボは、ギターを手にする前に、

「ちょっとしゃべっても、いい?」

と清志郎に訊く。ファンは拍手喝采。

「キヨシロー、35周年おめでとう!」

清志郎はちょっと照れて、

「自分だってそのくらいやってるくせに!」

と笑う。

チャボは、この渋谷は清志郎と初めて出会った街だと話しだす。清志郎が19歳、チャボが20歳、宮益坂にあったライブハウス「青い森」という店で出会った頃の話をはじめた。

「オレはその頃、世の中からズレまくっていたから、大人も全部キライで、まわりの人たちもみんな好きじゃなかったんだけれど、ステージで歌っている清志郎を見て、なんか、お友達になれそうなヤツがいるなっていう第一印象だったんだ。あいつもきっとズレてるヤツだと」

清志郎は笑いながら聴いている。

お客さんは笑ったり、拍手をしたり、それはそれはうれしそうだ。見守っているようにも感じる。

「初めて清志郎が歌ってるのを見たときにスゴい歌だと思って……オレはビートルズでロックンロールに出会ったんだけど、日本にこんなヤツがいるんだと思ってびっくりしたのを覚えてる。そのときの清志郎の歌のインパクトはずっと変わらずに、今日まで聴かせてもらってまーす」

清志郎は横でニヤニヤ、眉を上げたり下げたり、揉み手をしながら腰を曲げて媚びを売るようにふざけている。

「RCで10年いっしょにやって、横にいた毎日も感じてたけど、ちょっと離れて、その思いがふくらんでます」

「日本の生んだ偉大なシンガー、ナンバーワンだ。キヨシロー！」

「偉大なソングライター・フローム・中央線国立、スイートソウル・イマワノキヨシロー。35周年おめでとうー」

繰り返される言葉の数々。清志郎は照れ隠しに、揉み手揉み手の媚びた仕草で客席を笑わせている。

「キヨシロー、40周年で会おうね！」

「ナカイドレイチ、チャボ！　ありがとう！」

1991年にRCが終わり、またこうして同じステージに立ったふたり。ふたりには音楽という共通の言葉があって、また会えたときにふたりだけの会話ができるのだ。

『夜の散歩をしないかね』を清志郎はチャボのギター1本で歌いはじめた。

こうしてまた清志郎とチャボのライブが観られることに本当に感謝だ。そして、その場に私の役目があったことにも感謝した。

ベストドレッサー

この時期、清志郎のスーツは福生の「テーラーKブラザーズ」でオーダーしていた。清志郎はコンテンポラリースーツがよく似合う。

「Kブラ」で仮縫いをするときには、清志郎は約40キロの道のりを自転車で出かける。清志郎が汗だくでやってくると、「Kブラ」のおふたりも店の外に出てみんなで出迎える。そして清志郎がソファに座って冷たい麦茶で一息つくと、次から次へお茶菓子を出してくれるのだ。

「すみません、おかまいなく……」

と言うと、副社長の岡田さんは、

「請求書にのせておくからね！」

と毎回同じ冗談を言って笑わせる。

「Kブラ」にある派手めの布地はだいたい網羅した。一般には十分に派手なものばかりなのだが、清志郎には地味。

　私は清志郎に負けないような布地をいろいろな所で探し出し、20センチ×90センチくらいのサンプル断片をいくつも用意して清志郎と打ち合わせる。

　しかし、あーでもないこーでもないと言ってるうちに、よほどの柄でないと、すべて地味でフツーに見えてくるのだった。

　この布地はシャツかな、と想像していると、

「いーや、これはスーツにして大きく使ったほうが映える」

と清志郎は断言したりするが、それが大正解なのだ。彼は布が立体になった感じを想像できているんだと思う。

　下北沢のお香が香る雑貨屋で買ったテーブルクロス、カーテン生地、「Kブラ」さんの手にかかると、すべて清志郎が着るためにあったもののように仕上がる。

　清志郎は採寸と布地の打ち合わせを終えると、

「あとはすべてお任せで」

と「Kブラ」さんに言う。

　唐鎌社長の、柄合わせの素晴らしさと、狂いのないカッティング技術を心から信頼

しているのだ。

7足のブーツ

靴は、四谷三丁目の「SAシューズ」で作っている。「SAシューズ」は都会のど真ん中なのに、田舎町の商店街にありそうな、時間が止まったレトロな店構え。店内にはイタリア製の靴もあって、オシャレ。外観は三丁目の夕日だけど、中はイタリア。清志郎は、イタリア靴をときどき買っていたようだ。

清志郎のブーツはデザイン画をもとに、とても緻密な作業によって精確に仕上げられる。社長の福田さんは無口で「職人」という言葉が似合う方。そして娘さんが店を切り盛りしている。

ブーツは、清志郎が描いたモチーフをレイアウトして仕上げるのだが、清志郎から届いたそのモチーフの中に、なんと「ブーツ」という「文字」があった。スゴい！

「ブーツ」に「ブーツ」と描いてあるブーツができあがった。ブーツにブーツって、なんて気が利いていることだろう！

２０１４年、４月の終わりに娘さんから電話があった。すぐに福田さんに変わると、

「清志郎さんの靴のミニチュアを７足作った」

と言う。

それを目の前で見たときはぶっ飛んだ。実際の１／２サイズの７足のブーツだ。掌《てのひら》に乗せて見ると、どこもかしこもオリジナルそのままだ。もともとの細かいデザインが１／２に小さくなっているのに完璧に精密だった。なんか嬉しくて楽しくて面白くて、つい笑ってしまう。素晴らしく可愛いらしい。

いままで残しておいた清志郎のブーツの残り革は、これを作ってすべて終わりだという。

２００９年から５月２日の命日を目標に作りはじめたけれど、７足作るのに５年かかってしまったと福田さんと娘さんは笑う。命日の５月２日前後は、お店を訪ねてくるファンも多いので、見せてあげようと思っていると言ってくれた。

清志郎の足元はこんなあたたかい「ＳＡシューズ」が彩っているのだ。

顔写真

2006年の初夏、私は、「パスカルズ」のツアーに同行して1カ月間フランスをグルグルしていた。6月24日に日本を出発し、7月12日にアルルのフェスティバルに出演した。アルルはゴッホが移り住んだ町。私は清志郎を思い出していた。町を歩けばゴッホゆかりの場所がそこかしこにあり、『夜のカフェテラス』に描かれた黄色いカフェに立ち寄ったりした。とても暑い日で、川べりの風が気持ちよかったのを覚えている。

7月13日、清志郎は、喉頭癌《こうとうがん》と診断されたため、治療に専念し活動を休止すると公式サイトで発表した。それを、私はここアルルで知った。

ホテルで朝食を摂ろうとレストランに入ったとき、ネットを見ていたバンドメンバーが知らせてくれたのだ。私は、何のことだかすぐには理解できなかった。

清志郎が喉頭癌。つい2カ月前には、ナッシュビルでレコーディングをしてきたばかりではないか。7月からはじまるイベントでは、チャボと新井田さんといっしょに演奏するのでしょう？　そんなわけないじゃない。なにかの誤報ではないの？

外国にいて、日本の状況が把握できずに戸惑っていた。

この夏のイベントは、恒例の野音を含めて6本決定していた。私は7月30日のフジロックフェスティバルの仕事をもらっていたので、パスカルズ一行がフランスを離れドイツに向かう7月25日に、一足先に日本に帰ることにしていたのだ。

アルルから事務所に連絡を入れてみたがうまく通じなかった。きっと電話も殺到しているのだろう。私がフランスで騒いでも迷惑なだけだ。

それからは連絡を控えた。しかし、どこの土地へ行っても、清志郎の病状が心配で仕方がなかった。事務所も大変だろう……。

すっかり元気をなくした私を、メンバー、スタッフみんなが励ましてくれた。毎日、約20人が専用の大型バスに揺られて旅をする。バスの窓には地平線までひまわり畑が広がって見渡すかぎりの黄色。素晴らしい風景に感動しても、ため息は消えなかった。

このまま日程を変更して最後までツアーに同行することも選択できたが、私は予定どおり帰国した。

日本に帰ると、公式サイトで清志郎のメッセージが直筆で発表されていた。

「このたび喉頭癌と診断され長期入院治療にはいることになりました。スケジュールをすべてキャンセルせざるを得なくなり、楽しみにしていてくれたファンの皆さんには申し訳ない気持でいっぱいです。本当にごめんなさい。

何事も人生経験と考え、この新しいブルースを楽しむような気持で治療に専念できればと思います。

またいつか会いましょう。夢を忘れずに！　2006.7.11　忌野清志郎」

メディアは清志郎の話題で騒がしかった。出演がキャンセルになったイベントや、レコード店には、清志郎へのメッセージボードや千羽鶴が置かれて、たくさんの人があたたかい応援を送っている。

清志郎がどのような治療の経過をたどっているかは詳しくはわからなかったが、聞くところによると前向きにがんばっているとのことだった。

時間をおいてお見舞いに行きたいと思っていたが、お見舞いは事務所のスタッフすらも止められていた。外部の人間はなおさらだ。いま、清志郎はとても大切な時間を過ごしている。真っ向から病に向かっている。

もう、1980年代の私とは違う。RCが大好きで、なにがなんでも仕事に就きたいと願っていた頃、運よく事務所に入ってからもまだファンの心理を切り離せなかった頃、その気持ちもいつのまにか仕事と同化していった頃……。

いろいろな変化があった。しかし、どんなときにもRCを大好きな気持ちを忘れたことはない。それは私がRCを、清志郎を知ったときに、私という種から芽生えた新芽なのだ。人間の心の種にはそういう類いの感情もあるということを、RCが教えてくれたのだ。

私の場合、その新芽はしっかりと育っていった。RCという空に向かって、RCという水分と光を養分に変えながら。

そして時間が経ち、年月が過ぎ、水分と光がなくなって木は成長を止めた。しかし、自分で成長を止めることは不自然なことだったのもわかった。

冷静に考えよう。水分も光も、そこかしこにあるものじゃないか。私だけに与えられたものでもない。私だけが与えられていると感じるのは勝手で、そんなことでバランスをとれずに悩むのはおかしなことだ。当たりまえだが、水分や光を放っている側は、特定のだれかだけに向かってしていることではないのだ。

水分も光も、空中に、風景に、記憶に……さまざまなものに向かって放たれている。そんなふうになりたいと自分も思っているのではないか。

必要とされたときに、会えればいいのだ。どうしようか悩んでいるうちは、そのタイミングではないのではないか。

そう思うと大切なことがわかってくる。

清志郎は、ものすごい求心力をもって存在している。いやおうなしに人を引きつける。

10月4日にアルバム『夢助』が発売された。プロモーションビデオには、自転車にさっそうと乗る姿が映っている。たった5カ月前の姿が、胸が締めつけられるくらい懐かしい。派手なスーツをビシッとキメて、ライブハウスに飛び入りしている姿。このときすでに病を抱えていたとは到底見えない、いつもどおりの清志郎だ。

11月に来日したサム・ムーアのライブを観に行った際に、呼びこまれて1曲歌ったと新聞で読んだ。その姿は髪が短く坊主頭だったが、声は健在だと書いてあったのでとても安心した。それ以降、シークレットゲストで出演し、歌いはじめているという朗報が続いた。

2007年早春、ベーシストの藤井裕さんからまたまたうれしい話を聞く。清志郎のプロデュースで、裕さんのソロ・アルバム『フジーユー』が足かけ3年経って完成したという。

さっそく私は、『フジーユー』のお手伝いをあれこれはじめ、ファンクラブの会報にもふたりのインタビューを書いたのだった。

「ロックン・ロール研究所」（清志郎のプライベートスタジオ）で会った清志郎は、もうすっかり元気、話は相変わらずテンポよく、ジョーダンもさえまくっていて、どうしてそんな面白いことを急に言えるのか、いつもながら不思議だった。

やっぱりこれは、頭の中でいつも「言葉」を考えているからだろうか。貯めているというか。言葉の発想脳が、豊かで柔らかいんだなぁと、この日も再認識した。ボソッと言うジョークには、みんなで爆笑してしまう。

そして、5月のファンクラブ・15周年イベントで、清志郎はファンの前に姿を見せた。楽屋におじゃますると、髪の毛はフサフサで、いつもくらいに伸びていた。こころなしか量が増えたような……。

髪が伸びましたね、と言うと、

「うん、なんか髪質が変わったんだよ。パーマかけたみたいになっちゃった。後ろを見るとよくわかるよ、藤井裕みたいだろ？」

ホントだ、くりんくりんくりんにカールしている。しかし、天然パーマの裕さんを即、引き合いに出すあたりが、清志郎だ。

初秋、翌年の2月10日に『忌野清志郎 完全復活祭 日本武道館』のコンサートが決定になり、関係者に発表された。完全復活なのだ。清志郎はやっぱり病を乗り越えてきた。

10月に入って、復活祭への準備がひとつずつはじまっていく。

どこでだれに会っても、みんな笑顔だ。みんなが幸せそうに笑う。だれかが病を克服するということは、清志郎にかぎらず、世界中でだれもがうれしいことだろう。

清志郎の周りは一気に道が開け、スタッフはまたうれしそうに動きだした。長い冬は終わった。来年の早春にはまたひとつ伝説がはじまる。

「忌野清志郎ランド」がまたはじまるのだ。

新しいスーツを作りに「Kブラ」に出かけた。清志郎はサイズが変わってない。

「Kブラ」では、いつものようにお菓子を出してくれて、

「請求書にのせておくからね！」

と毎回聞くジョーダンを繰りだすのだけど、相変わらずみんなで笑う。変わらない風景。2着新調した。

薄いピンクの花びらが錦糸で織ってある布地は、お祝い用みたいにちょっとキチッとした感じ。上品でよそ行き的な感じだ。薄い色のスーツはいままで作っていなかった。でも、明るい春のような柔らかいイメージのこのスーツも、なんでも似合っちゃう男には、やっぱり似合っちゃうのだ。

中のシャツは、思いっきり柄を選んだ。いろいろな絵の具を筆で載せたようなタッチのもの。

シャツの布地選びを事務所でしたとき、デスクの平嶋さんが、

「何を飲みますか？」

と尋ねると、清志郎は、

「ビール！」

と答え、思いがけず、飲みながらの打ち合わせになった。

そのまま近所にある名古屋コーチンの焼き鳥屋に流れ、日本酒を飲みながら3人で楽しい時間を過ごした。

スーツの次は、ブーツ。「SAシューズ」に出かけて、座敷に上がりあぐらで打ち合わせだ。どこへでも清志郎は自転車で向かった。1年半前と変わらない。そして、ポスターを撮影して、パンフレット制作に取りかかり、リハーサルがスタートして音が出はじめると、また一歩、武道館に近づいて、夢のような現実に酔いそうだ。

2008年2月10日。お祭りのような、喜びしかないような空間が実現した。武道館歴代ライブの最多入場者数を更新し、全方向に客席がつくられた。ステージをぐっと後方の北側に設置し、ステージ上には階段で高さの上がった花道的なステージが設置されて、ここで歌う清志郎は真後ろのファンの真ん前だ。手を伸ばせば届くような位置だ。

私は、こういうステージは、温かみがあり人間的で大好きだ。まるでお祝いにかけつけてくれたみんな、だれもに歌が届くようなセッティング。ステージ真後ろの席だって、侮ってはいられない。

「おはよう！」

楽屋に清志郎がニコニコして入ってきた。何年もかわらない楽屋での清志郎。このテンションの一定ぶりはなんだろう。

いつもと同じ手順で準備をはじめた。鏡前に清志郎がいる。真新しいスーツを着る。ブーツを履く。ここまでくるとあと30分くらいで開演だ。


楽屋からステージ下手側にある小さな楽屋にメンバーが移動し、ライブは間もなくはじまろうとしている。重いドアを開けてアリーナに出ると、熱気がものすごく、ファンの期待と喜びが充満していた。

しばらくして場内の灯りが落とされて、『君を呼んだのに』のイントロが流れ出す。ステージ上方のスクリーンに清志郎の療養生活の顔写真が映し出された。会場内に衝撃が走る。

顔写真は、髪がまるっきりないときから、徐々に生えていって、ついには今日の清志郎の顔になる。いままで撮りためていた写真が、早送りでリズムよく流れる。その変化していく姿は、痛々しい坊主頭も、フサフサに生えそろった頭も、ファンにとっては涙だ。この約1年半の知らなかった清志郎の日々が、清志郎の生命力とともに目の前に展開された。

清志郎はすごい。こんなツルツル頭の自分の記録を、よくぞ冷静に残せたものだ、それも毎日。レゲエ調のカツラを被ってみたり、夜店のお面、店屋物《てんやもの》の出前の皿と皿の間に入ってくるプラスチックの器、そんなものまで被っているし、ところどころに自画像も入っている。

清志郎はスゴい。どんなときにも必ずユーモアを忘れない。

だれかに、

「清志郎さんにとってロックとはなんですかね?」

とインタビューされて、

「いやー、オレ自身がロックですから」

とお茶目に答えていたけれど、これは本当だ。生き方と言ったら大げさだから、何と言おうか、体質……いや違う、生まれ持ったものでもない。うまく言えないが、自分で自分に正直に向かってあげることなのか。

客席の歓声と拍手が、祝福の嵐のように押し寄せる。

演奏がはじまって、清志郎がステージ袖の暗がりから照明がまぶしいステージへ、リズムを刻みながら出ていく。この瞬間に胸に熱いものがこみ上げる。私は背中を見送りながら、そのままステージ上の下手奥に上がった。

すると、ステージ上も客席もあまりにも明るくて、全方向のファンの顔が見て取れたのに一瞬ひるむ。総立ちのファンがうれし泣きをしているのがわかるのだ。

ぐるり客席を見渡すと、遥か上にあるはずの天井が存在していないような、まるでそこには空があるような、素晴らしい開放感を武道館で初めて感じた。

「2年間、よく寝たぜ」

武道館では、清志郎の言葉が心によく響く。

ステージから彼が発する言葉は、短くとも長くとも、すべて的を射る。

清志郎は言った。

「座って、小さな声でおとなしい歌しかできないかと思ってた。何よりバンドに戻ってこれたことがうれしいんだ」

こんなことってあるのだ。

この後、ブルーノート東京、大阪フェスティバルホール、京都会館第一ホールと回った。最終日の京都では、清志郎から、

「スタッフのみんなで分けて」

と、復活祭の清志郎別注の本染めの手ぬぐいをもらった。

その日の打ち上げは、メンバー、スタッフ全員で鍋を囲んだ。そのときに、スタッフ全員から寄せ書きのカードとサイクルジャージをプレゼントした。サイズは石井さんから聞きだし、愛用の「ASSOS」というブランドのものを選んだ。

私がプレゼンテーターに任命された。清志郎は包みを開けてとっても喜んでくれた。

「えー、コレ、高いのよー。みんなありがとう、着させてもらいます」

復活祭は無事に終わった。私たちスタッフにとって一大イベントだった。

このあとは4月の『アラバキロックフェスティバル』。そして夏のイベント4カ所、9月6日の野音。スケジュールはここまで決定していた。

幸せ者

『アラバキロックフェス』のライブは、ステージ袖で観ていたが、どうしようもなく震えてしまった。うまく言えないけれど、バンドとの合体というか、清志郎の声もよく聴こえていて音と声とに隙間がないというのか、なにしろどの場面も見逃してはなるものかと思うくらいすごかった。気迫が充満している。

いつもライブは楽しみに観ているが、ライブ中も仕事はあるわけで、ずっと観ているわけにはいかない。あの日は、ここを動きたくないし、ライブもいつまでもやってほしいと願うほどだった。光が差していた。他のスタッフも同じことを言っていた。ホントに記憶に残るライブだった。

このライブでは、ステージにイリュージョンを取り入れたいと言い出した清志郎のアイディアも、初披露された。お待ちかねの「マントショー」の最中、ひざまずく清志郎のマントを剝ぐと、なんと清志郎の姿が消えた！　騒然とする観客を前にし、舞台袖から満面の笑みで得意げに登場する清志郎。リズムを刻む足取りも軽い。大歓声。そんな、大掛かりな演出の「マントショー」アップグレードバージョンだった。

フジロックや夏のイベント用に新しい衣裳をつくる作業がそろそろはじまる頃になった。たくさん広げた布地の中から、私がこれだと思っていたものを清志郎が、

「これだな」

と指さした。相澤さんも、

「やっぱりそれね」

と言った。即座の満場一致。こんな感じもめずらしい。それは、茶色が基本で、子どもたちが庭で犬やニワトリや馬と遊んでいるイラスト柄。アメリカ製の布地で、イラストの子どももアメリカ人。人間と家や犬との大きさがちょっとアンバランスでシュール。通称「農場」って呼んでいた。こんな柄のスーツが似合うのは清志郎だけだ。

7月6日、ファンクラブ主催の『15周年感謝祭』が開催される。足を痛めているという清志郎はイスに座って弾き語りをした。弾き語りはそれまでにもあったけれど、座ったままというのは初だという。少し歌いづらいのか、心なしか表情が固く見えた。

だが、曲が進むにつれていつもの調子になってきた。ふだんはあまりやらないギターの説明もしたり、ファンクラブの集まりだけあって、とてもゆっくりとした温かいやりとりだ。いい感じ。

「オレはいいファンに囲まれている。オレは幸せ者だ」

と言った。若い頃、あれほどトガっていた清志郎が、だ。

35周年のときも言っていた。

「いつも応援してくれてありがとう……めずらしいかもしれない、初めてかもしれない、こんなこと言うの」

どちらもとてもステキなメッセージ。ファン冥利につきる。

初めて見る座りの弾き語りに、私はなんだかとても感動してしまった。ぜんぜん違和感はない。もっと観たい。

夜、清志郎にメールをした。仕事以外のメールは数えるほどしかしたことはない。これはその中のひとつだ。

「──自然体の座り弾き語り！　うまく言えませんが面白かったです。ギターアカデミック話もよかったです！」

と送った。

「ほんと？　面白かった？　初の座り弾き語りだったのでリラックスしてやったので

した。やってみて自分でもなかなか楽しかった」

と、返信がきた。

その8日後、癌の転移が発表された。

前日の夜に、相澤さんから電話をもらった。

明日発表するということと、衣裳のスケジュールをキャンセルしたり、はっきりしたことが言えずに、イヤな思いをさせてごめんなさい、と気遣ってくれた。

私は、いえ、いままでいろいろなことを言えなくて本当に辛かったですね、ご連絡ありがとうございます。震えた声で返した。

運転中の車を停めた空き地で、ずっと泣いた。

助手席にいたマツも泣いていた。

清志郎はきっと元気な姿を見せてくれると願った。ただ生きていてほしいと願った。

運転を替わってもらい車を出した。家へ帰ろう。

(2)

それは、とても大事なことで、別に
必要も無いのにロック研でフュージョンの
曲をいじってみたり、テレビを見てみたりする
ことが何か じゃまされたくないこと
なのです。

フリーの人は休みの日はレジャーとか
しゅみのことをするのかも知れませんが、
僕にとってのレジャーとかはそんなもんなん
ですよ。そんなボーっとする時間が
けっこう次へのエネルギー充電だと
思うのですが……。

それも、もういい年《トシ》なので
好きな感じで、やりたい事をやりたい時だけ
やった方がいい物が出来る気がして
います。よろしくどうぞ。細野より

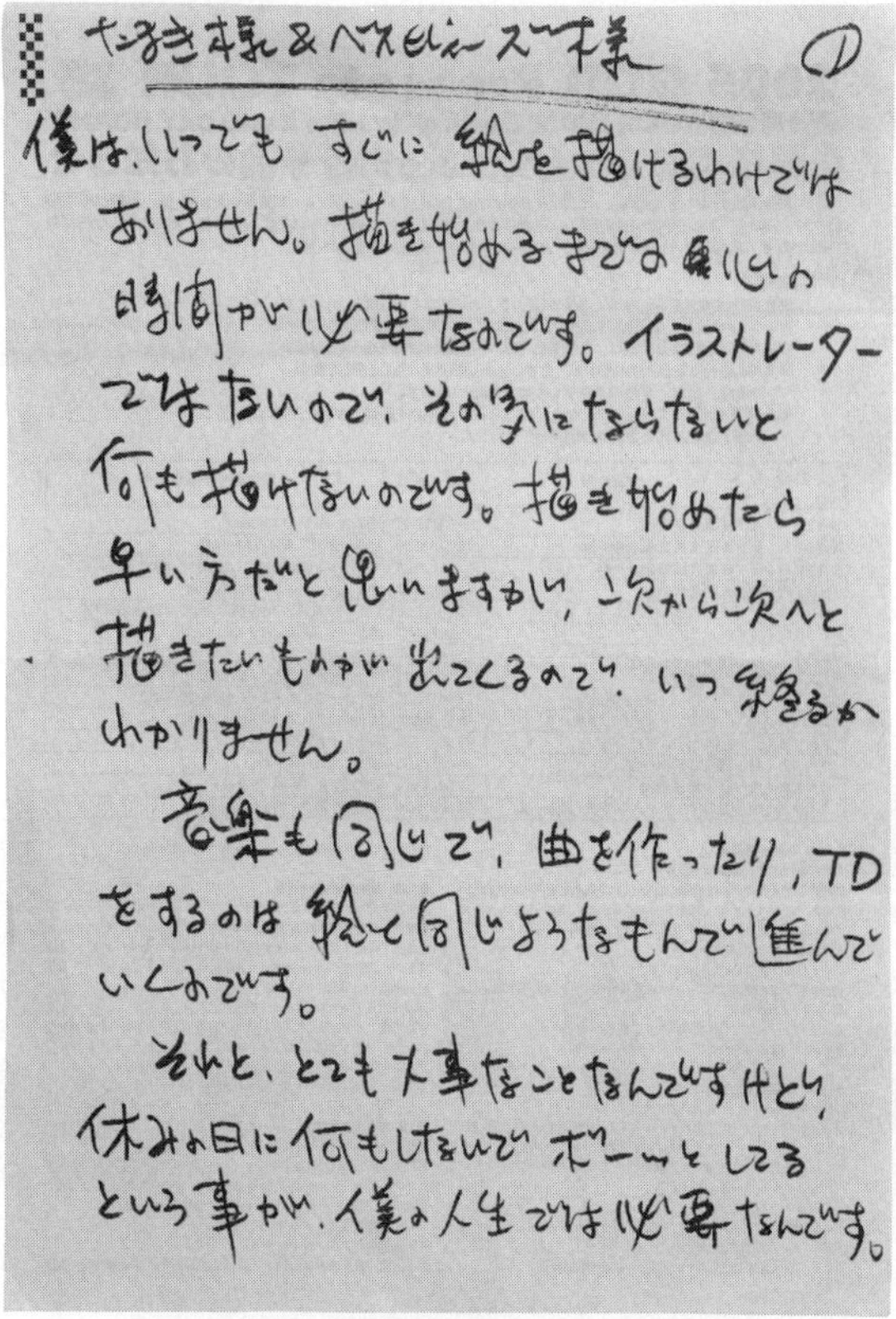
①

たまき様＆ベイビ〜ズ様

僕は、いつでも すぐに 絵を描けるわけでは ありません。描き始めるまでは 少しの 時間が必要なのです。イラストレーター ではないので、その気にならないと 何も描けないのです。描き始めたら 早い方だと思いますが、次から次へと 描きたいものが出てくるので、いつ終るか わかりません。

音楽も同じで、曲を作ったり、TD をするのは 絵と同じようなもんで進んで いくのです。

それと、とても大事なことなんですけど、休みの日に何もしないで ボーッとしてる という事が、僕の人生では必要なんです。

グッズの絵柄を清志郎に依頼したところ、
やんわりとたしなめられてしまった

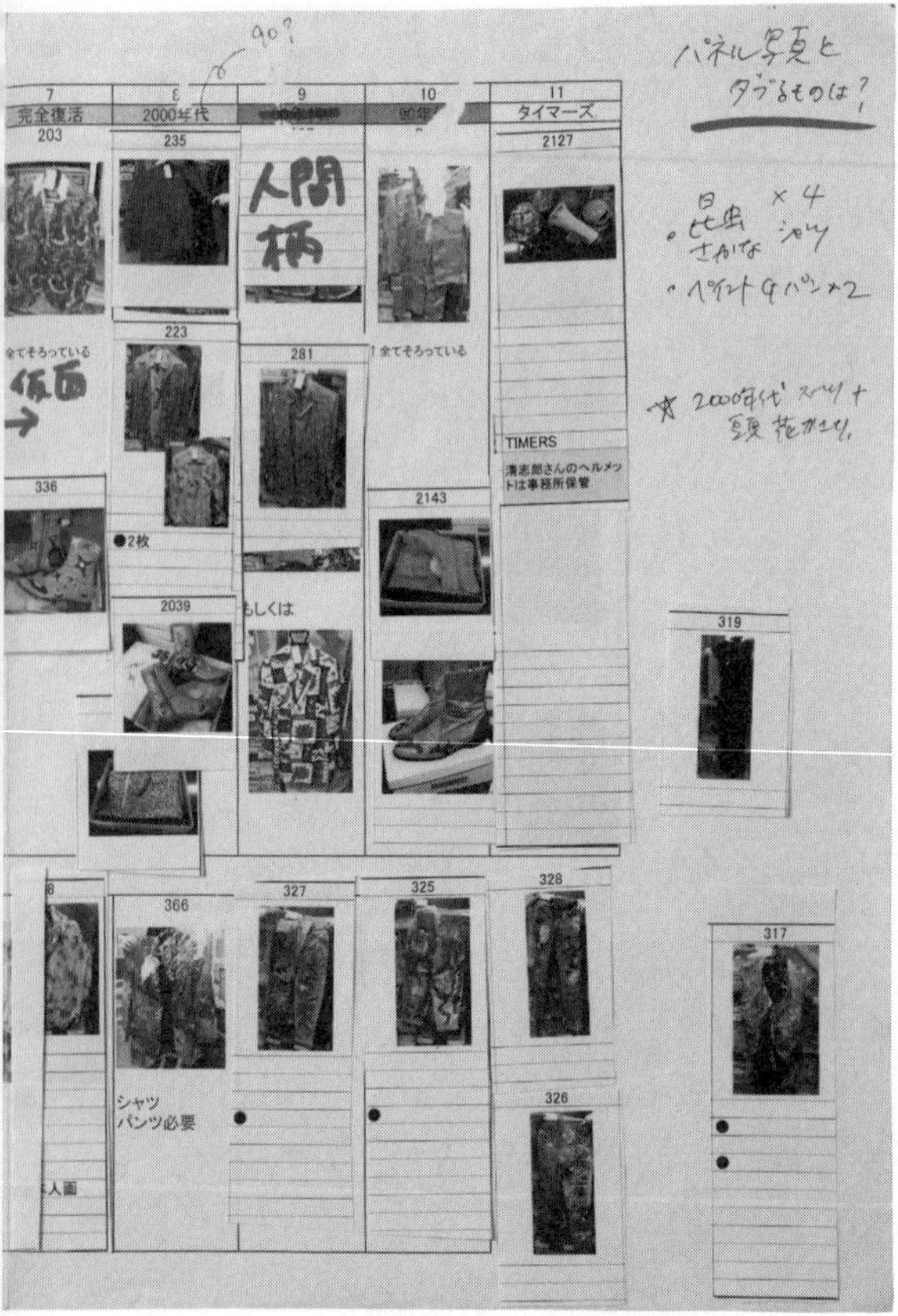
90?
7
完全復活
8
2000年代
9
10
11
タイマーズ
パネル写真とダブるものは？
203
235
2127
人間柄
223
281
全てそろっている
↑全てそろっている
TIMERS
清志郎さんのヘルメットは事務所保管
336
●2枚
2143
2039
もしくは
319
366
327
325
328
326
317
シャツ
パンツ必要

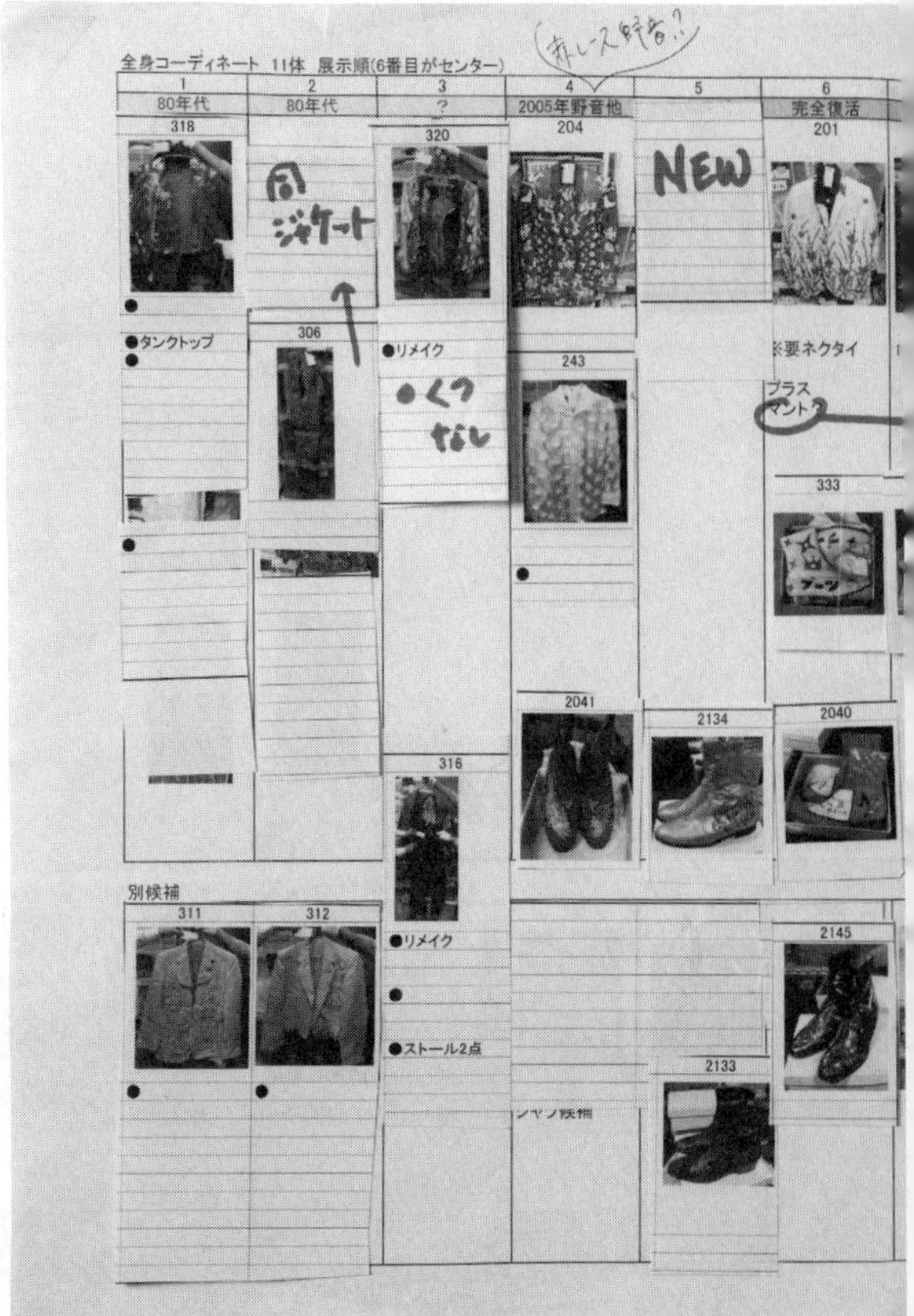

2009年、「個展 忌野清志郎の世界」で展示された清志郎の衣裳リスト案

終章　お別れは突然やってきた

あふれる涙

清志郎が眠る居間は、哀しみと涙で埋まっている。知らせを受けた方々が、ひとりふたりとやってくると、つかの間、乾いた頰はまた涙で濡れる。

どうしてこんなにも早く清志郎は逝ってしまったのか。

昨年の夏から、私は変わらない毎日の中で、清志郎はどうしているかなぁと考える日もあったし、忙しくてまるっきり忘れている日もあった。人から清志郎の様子を聞いたりして、なんだか安心していたのだ。根拠のない安心だ。そう、ただ一度、前年の夏に清志郎に会った。病院の冷房対策に長袖の上着が欲しいと連絡を受け、探した。夏のことでなかなか思ったようには揃わなかったが、清志郎は、その中のダメージファッションのサマーセーターを指して、

「最初から着古したふうにわざわざ穴を開けたりするのは、どうも好きじゃないんだ

よ、俺らの世代は」

と、笑わせたことがあった。その時の、変わらない様子の清志郎を思い出す。

すでにマンションの下にはマスコミの車が数台停まっていると、いま着いた人が言った。どこのマスコミだろうか、どこからわかったのだろうか。ときどきマナーモードが振動して、電話に出ると家族や友達だった。大丈夫？　と、心配して連絡をくれた。そのたびに涙があふれて困る。

「ありがとう、大丈夫だから」

みんな、もう、知っているんだな。明日からゴールデンウィークだ。連休後に執り行われる予定だった葬儀は、明後日に決定したという。その報告を聞いて、私は清志郎の家を出た。

外に出ると、マスコミは何人かいたが、別段、話しかけられもしなかった。家に着くと灯りがなかった。そうだ、夕方前に飛びだしたきり。いつもは私と夫、犬一匹の毎日だが、昨日から連休いっぱい、マッはライブで大阪に出かけている。犬のパウルはさっき家を出るときに、いつもの獣医さんのホテルに急きょ預けたのだった。

すごく疲れた。みんなはどうしただろう。言葉もなく疲れただろう。涙は際限なく流れる。みんなはどうしただろう。いまも泣いているだろうか。このままではいけない。布団に横にならないと。みんなも寝ただろうか。マツは大阪で寝ているだろうか。パウルは下北沢で。

身近であれ遠かれ、亡くなった人への哀しみを文字にしたことはない。

頭の中で、そういう哀しみはそういう部屋に入れた。再燃しなくて済むように、そういう部屋に入れるのだ。それでおとなしくなるまでそこに仕舞っておく。自分の感情からどうしようもなくはみ出してしまう感情を受け入れる部屋だ。そういう部屋を持つのだと、このときに納得した。

カギはかけたってかけなくたってかまわない。そこから出してくるのも自由だ。でもなんて辛いことなのだろう。ひとりっきりで、ひとりごとで、思い出すのは辛い。

葬儀の行われた五百羅漢寺の羅漢会館は、目黒不動尊の生い茂った木々を背にした一角にあった。

私は受付を担当した。準備をはじめるが、なにをしていても、頭も身体も手も足も、すべてが重い。ただのスタッフの私でさえここまで重いのだから、清志郎の家族の哀しみはいかばかりだろうか。

気丈にキビキビと動く葬儀委員の方、近親の方々、ここにいるすべての方々には、もうメソメソしている人はいない。この後に参列者の皆さんを迎えるまでの準備をしっかりしなくては。もう泣いていたってどうしようもないのだ。

たくさんの弔問の方々が参列していた。

この夜は、アサミさんと山本くんと私、3人で斎場に泊まって、寝ずの番でお線香をあげた。山本くんがひとりで行った時、祭壇の電気がピカピカと点滅したという。清志郎さんがいたずらで僕をびっくりさせているんですよ、と言っていた。

またメソメソしてきたが、さっき石井さんが言ったことを思い出してつい笑う。身体の周りにたくさんドライアイスを置いた清志郎をさわって石井さんは、

「今日は冷たいね。けど、明日はアッチッチだからね」

と言った。

また笑ってしまう。

清志郎に明日はアッチッチなんて言える人は、この人をおいていないだろう。

石井さんと清志郎との間には接着剤がある。それはきっと「理解」という素材ででき た接着剤だ。石井さんのその強力な高品質の素材でできた接着剤は、なぜか、一度くっついたら離れないタイプの感じがしない。粘着力が弱いのではなくて、再剝離《はくり》可能なように思えるのだ。なぜだろう。そう感じるのだ。

昨夜の通夜は進行が葬儀社の係の方だった。ふつうの通夜と変わりのない厳《おごそ》かな口調で進み、まわりは湿った空気だった。

通夜が終わって、滅多なことでは怒ることのない石井さんが言った。

「明日もこのままの告別式ならば出席しないから」

と仕切っているスタッフに向かって告げたのである。

そんなことがあって、スタッフは清志郎らしい告別式をと、寝ずに準備をはじめた。RC時代からの宣伝マン、高橋康浩さんが司会をつとめることになった。

今日は清志郎らしいお別れだ。通夜とうってかわって、清志郎の音楽に包まれ、明るいお別れになった。石井さんはいつも清志郎の最大の理解者だ。哀しみの中にいても素晴らしいプロデューサーだ。

『雨あがりの夜空に』が流れるなか、本当に本当の、清志郎と最後のお別れをみんなでした。チャボは棺から離れることができなくて、ひさこさんはチャボの横をずっと離れない。私はそのふたりの姿を目に焼きつけるようにして見ていた。

霊柩車に乗って桐ヶ谷斎場まで清志郎は行く。

この世での活躍が終わった清志郎の体は、焼かれてしまってもうない。白い骨になった清志郎を見ても、もう清志郎には会えないのだという現実感が湧かなかった。湧かないものは湧かないのだ。だから、清志郎は死んじゃったんだと自分で自分に言い聞かせるのはやめた。いつかきっとわかるときがくるだろう。

これから先、もしも清志郎を横に感じるときがきたら、私は戸惑うのか喜ぶのか。私は実体のない清志郎をどう思うのだろう。どのようにして感じるのだろう。楽しみにしていよう。

これから先、清志郎に訊きたいことができても、自分で自分に訊いて答えを出さなければならない。そういうとき、自分の中の清志郎に訊くのだ。だから清志郎はいるのだ。

私にだって、清志郎のしそうなことなら少しはわかる。
だから、清志郎をつくるのはやめよう。清志郎を横に感じる時間がきたときのために。

位牌

清志郎とお別れをしてから5日が経った青天の9日、青山葬儀所で大きなお別れ会が行われた。朝早く集合して、楽屋のような部屋で段取りと役割りの説明があった。当日に一般参列者の受付を手伝って下さる方がいたらお願いしてほしいと、事前に事務所から連絡を受けていたので、私は阿佐ヶ谷に住む友達4人に声をかけていた。みんな快く引き受けてくれた。いやそれどころか、清志郎に携わることができる場にいられることを逆に感謝されたくらいだ。

控え室で次の指示を待っていると、RC時代からのスタッフ仲間、今はチャボのギターテックをしている鈴木真巳くんが私を呼んでいる。真巳くんについて会場に入ってみて、本当に驚いた。なんとそこには紅白幕が張り巡らされていたのだ。赤と白のお祝い用だ。なんということだ。正面にはステージがつくられて、清志郎のアンプや楽器がすでにセッティングされていた。

顔なじみのコンサートスタッフがいつものように働いていて、いつものライブとなんら変わらないではないか。ここでNICE MIDDLE with NEW BLUE DAY HORNSのメンバーが演奏するのだという。正面は真っ赤な緞帳に清志郎の大きな遺影が掲げられ、ステージにはたくさんの花、大きな位牌が真ん中に鎮座していて、派手でキラキラしていてまったくもって明るいのだ。

真巳くんは私に、位牌をアクセサリーで飾ってほしいと言う。いつもは楽屋にある清志郎のアクセサリーケースが位牌の横に用意してあった。

私は位牌のちょうど肩のような部分から、首に着けるように、清志郎がいつもしていたように幾重にもネックレスを飾った。涙があふれてきてもかまわずに、アクセサリーを選んだ。

時間がきて門が開かれ、ファンの人たちの列がまるでゆっくり流れる川のようにするすると動きだした。広場ではヒトハタウサギの大きなバルーンが出迎えて、まるでライブ会場だ。受付のテントで清志郎の遺影のポストカードが配られた。アサミさんの友人が連休中の会社を開けて、5万枚ものカードを印刷したそうだ。

素顔で髪を立てたコンポラスーツ姿の清志郎。

「感謝Ｆｏｒ ｙｏｕ！」「イェーッ‼」と、いつもの清志郎のフレーズも印刷されている。

今日、すべてのスタッフは、ライブのときのようにスタッフＴシャツを着ている。なにからなにまでコンサートのよう。清志郎を送るにはやっぱりライブだ。

これはスペシャルなロックン・ロール・ショー。本当に清志郎らしい葬儀を見事にプロデュースした葬儀委員は、清志郎のやり方というものを熟知している。スゴい。

私は北川さんと関係者受付を受け持った。報道関係やファンの人たちで広場は所狭しとにぎやかだ。門からは人が絶えることなく、どこまでも列は続く。太陽が真上に昇り暑い日となった。緑の木々がさわさわとして本当に良い季節。

清志郎はこんなに気持ちのいい日にみんなに送られた。

送られた清志郎は空からみんなを見ている。

ボーナストラック

リンコさん

２０１５年の冬、私はリンコさんにインタビューをする機会（忌野清志郎ファンクラブの会報）に恵まれた。リンコさんにお会いするのは何年ぶりだろうか。

リンコさんは、ＲＣサクセション結成時から活動休止までの23年間、いわば生粋のＲＣベーシストである。ましてや清志郎とは幼稚園からの幼なじみだ。今日はどんな話が聞けるだろう。

リンコさんとベイビィズのスタッフと私、八王子の駅前で待ち合わせた。

変わらないリンコさんの優しい表情に安心する。

「よかったら、たまきは俺の車に乗らない？　インタビュー前に少しドライブしようよ」と、リンコさんが言い、私は思わぬ展開に喜んで同乗させていただいた。

リンコさん号とベイビィズ号の2台が連なって、八王子の街を抜けていく。

車の中では、家族の話や、仕事の話、『あの頃、忌野清志郎と』の話にもなった。本は出版と同時に送らせてもらっていた。

「たまきは昔のことをよく覚えているんだなぁ」

と、感心するように言う。

昔のことというのは、3人のRC時代のことでもある。もちろん、リンコさんは私が子どもの頃から大ファンだったのを知っている。

車が辿り着いたのは、木々に囲まれた、これといった特徴のない駐車場だった。

「ここが『スローバラード』の駐車場だよ」

と、リンコさんがさらりと言ってのけたので、私は一瞬にして現実から離れてしまった。

「当時の清志郎には造形大学の彼女がいてね。同じ八王子だから」

『スローバラード』の、市営グランドの駐車場。どこにでもあるような駐車場だった。あの曲を耳にするときに、自分の頭の中に立ち上がるのは自分の知っている駐車場だ。

夜露とあの娘とカーラジオというスペシャルな状況の中、駐車場はどこでもいいのかもしれない。いや、どこでもいいということが、いいのだ。実際の話では、駐車場を見回りに来た警察官に注意されて憤慨し、警察官を非難する歌詞も含まれていたが、そこは彼女に止められて、ラブストーリー仕立てにしたという。綺麗な部分を残して名曲になったわけだ。でも、それも最初は見向きもされず廃盤になったのだから何が受けるかわからない。私はこの駐車場には来たことはなかった。

リンコさん号は、次に高尾方面に向かった。

清志郎が眠る高尾霊園だった。墓石には「忌野清志郎」と直筆文字が彫られ、入り口では清志郎おなじみのキャラクターたちがブロンズ像になって迎えてくれる。玉石が敷かれた隅には「涙石」という腰かけ石がひとつあって、ここに座ってボーッとし、涙を流す。私も何度となく座ったことがある。

空が大きく広がっている。冬の空はどこまでも高い。広大な霊園は山に囲まれ、思わず深呼吸をする。『トランジスタ・ラジオ』の、陽のあたる屋上から見上げる空もきっと似ているだろう。あぁ、そうだ、完全復活祭ライブ。あの武道館の天井もまるで空だったな。

リンコさんは、荷台から二胡とお線香を置く小さな板を取り出した。お墓には「ステージ」と呼ばれる広い石の部分があって、リンコさんはそこに自作のお線香板を置いた。墓石の線香立ては使用禁止になっているから、お墓参りには必ず持参するという。

それから、ポケットからブレスレットを取り出して、

「新作を作ったよ」

と、横に置いて、清志郎に見せる。

たくさんの色の天然石を使った小ぶりのブレスレットだ。

二胡は、『ブラームスの子守唄』。

繊細で、芯の強い二胡の音色が空に広がっていく。清志郎の前に立つ私たちの心に染み込んでいく。

ＲＣ活動休止状態の頃、リンコさんは二胡を始めた。東京駅通路での二胡の生演奏を生まれて初めてテレビで見て、そのメロディ、音色に「たそがれるにはこれを奏で

るしかない」と、圧倒されたという。今は人に教える立場になっている。

『ブラームスの子守唄』を聴いて私は胸が躍った。偶然にも、タッペイくんが生まれた頃、タイマーズでレコーディングをした曲、タッペイくんのメリーゴーランドの曲だ。

帰り際、広げたものを片付けながら、リンコさんはブレスレットを私に手渡し、

「清志郎にも見せたし、これはたまきにあげるね」

と言った。

思ってもみない贈り物と取り巻く状況に、私はいたく感動してしまった。

なんだろう、今日は。『スローバラード』の駐車場といい、ブレスレットといい。

中学生の夏休み、RCのメンバーが住む国立という街がどんなところか知りたくて、喜び勇んで出かけたあの風景が、高尾の空の下、私の頭の中に一気に飛び込んできた。

そう、清志郎のからだはもうここには無いけれど、私のRCサクセションのこの長い物語は、今、高尾の空気の中で完結したんだなと感じた。３人の頃の、初期のRCが大好きでいてよかった。

リンコさんの話は、まるで清志郎が横にいるかのように進んでいった。ふたりはいっしょに少年になり、バンドを始め、大人になった。

チャンバラも銀玉鉄砲も、釣りも伝書鳩も、ふたりの間で流行った。

小学生の頃、絵の上手い清志郎は、『週刊 鳩』という漫画雑誌を手作りしていた。子どもながらに「マガジンタイムズ社」と名付けた自社から出している。級友も楽しみに回し読みしていたそうだ。自分の絵でシールも作って、せっせと配っていた。まぁ、シールといっても、裏はヤマト糊で貼り付けるような幼稚なものだったけどね、笑いながらリンコさんは言った。

中学時代、ふたりは山岳部。登山の時にはここぞとばかり、使い道もないナイフを腰に差してみたり、水筒の代わりに竹筒を下げていた。そんな風変わりな部員はふたり以外にはいなかった。

「清志郎とはどんな話をしてたのですか？」

と、私が聞くと、

「そうだね。女の子の話も結構したしな」

と、リンコさん。

「あの子、好きになっちゃった、とか？」

「うん。『もっと可愛い子がいるだろ〜』とかさ」

薄ら笑いを浮かべる。

「じゃぁ、お互いの彼女遍歴とか知ってるんだ！」

「そうねぇ。片想いのみだったから、遍歴ってほどじゃないな」


高校時代、共に美大を目指し、たまらん坂近くにあったデッサン教室まで自転車で通った。清志郎は油絵、リンコさんは彫刻。木炭デッサンの消しゴムには食パンを使うのだが、清志郎は美味しいと評判のパン屋のフランスパンを使っていた。わざわざ駅まで買いに行って。さらにその頃は、画伯さながらベレー帽をかぶり始めた。私は大笑いした。すでに忌野清志郎だ！　成りきっている。

創作の旅に憧れて、ふたりはリンコさんの親戚が住む郡山まで、原付バイクで向かった。『トリップ・トゥ・トゥルース』というタイトルを付けた大学ノートを持って。出だしは順調だったけど、結局、疲れ切って曲はひとつも作れなかったと苦笑いをした。

高校卒業と同時にRCはレコードデビューする。最初に才能を認めてくれたマネージャーは、清志郎の声はソウルマンのようだと言った。貴重なソウルミュージックのオムニバスアルバムをもらったふたりは、大胆にも2枚組のレコードジャケットを、真ん中から真っぷたつに切って半分こにした。時々、交換して聴いたという豊かな時代。

RCの歴史の中にも、鳴かず飛ばずの「暗黒時代」があった。

1976年頃だ。国立で一人暮らしをしていたリンコさんの隣に清志郎が引っ越してきた。そこは古い平家の一軒家で、草が生い茂った空き地を挟んで隣家が離れて建っている。ここぞとばかりにバンド仲間が練習を始めた。夜中にウッドベースと生ピアノでセッションをしたり、明け方にエレキギターにアンプを通して大きな音を出したり。言うまでもないが、隣人は激怒して市役所にクレーム、大家さんは懇切丁寧なハガキをリンコさんの親御さんに送った。私はそのハガキを読んだことがある。

――家をお貸しします時には勉強をされますやうには充分申し上げました。1年後に栗原さん（清志郎）を紹介されまして（中略）交流練習が夜半まで数回勇ましく音楽業とは申せ驚き入りました――

栗原さんが来てから騒音が出始めたってわけだ。困った栗原さんだ。

そう、このエピソードが『恐るべきジェネレーションの違い（Oh,Ya!）』（1982年）という曲を生んだ。

大家さんは優しいおばあちゃん。孫のように接してくれたとてもいい人だとリンコさんは言う。

――私だけなれば我慢も出来ますなれど、近所から申し入れを受けました。近時に至って役場よりきびしく家主故と注意も入りました。私も止めるやうに行きましたが、そのたびに起き出て行くのも全く面倒になりました――

清志郎の歌詞は、逆撫でするように「大家の言うことはわかる　だけど僕の言うことは正しい　少しはわかってくれてこの辺の接点は無いのか」と持論をブチかまし、

「僕には僕の生活がある」と続く。極めつけは「頭を黒くして仲間に入ればいいのに」と言ってのける。少しのユーモアを入れて、優しいおばあちゃんを意固地で頑固な大家に仕立てた清志郎のストーリーテラーぶり。

この「RC暗黒時代」と揶揄される頃を、リンコさんは、

「いや、俺は楽しかったよ」

と言っていた。

「そりゃ楽しいでしょう」

と私は笑った。

清志郎が旅立つ何年か前に、水面下でRC再結成の動きもあった。

2005年だったか、清志郎の高校の同級生であり、一時期RCでボンゴを叩いていた俳優の三浦友和さんを介して、三浦さん宅でリンコさんは清志郎に会った。

「また一緒に演奏しようよ」

と清志郎に誘われた。

リンコさんは、十数本持っていたベースはすべて売ってしまっていて、楽器も弾い

てないしな、と、躊躇すると、

「音も出せるスタジオもあるし、今度遊びに来てよ」

と言った。清志郎のプライベートスタジオ「ロッ研（ロックン・ロール研究所）」のことだろう。

リンコさんはその日のことを奥様に伝えると、

「恥ずかしいからやめたら？」

と意見され、それもそうだなと、その時は清志郎に断ってしまった。

そうはいえどもリンコさんは、1本だけ残していたバイオリンベースを屋根裏から取り出して、使えるのを確認して手の届くところに置いたという。

物言わぬベースと会話している姿が目に浮かぶようだ。また演奏してみたいというわずかな気持ちに答えてほしかったのだろうか。しかし、そのあとに清志郎が入院、話は具体的にならないまま、清志郎は再度体調を崩す。

「三浦くんのうちで会ったのが最後だった」

とリンコさんは言った。

RCの結成から活動休止までの23年、たくさんの場面の中で清志郎のことを腹立たしく思ったこともあったけれど、と続けて、

「こんな俺をバンドに誘ってくれて、清志郎には感謝している」

と、リンコさんがつくづくと言った。

リンコさんと別れて、ベイビィズ号で都内に向かう。

充実と少しの重さと晴れ晴れした気持ちといっしょに、バックシートから外を眺めている。

清志郎にもリンコさんにも染み付いた貴重な原体験を聞いた。私はまぎれもない三多摩の匂いを感じる。人が嗅ぎ取れるようなどこかの匂いは、私にもあるのだろうか。懐かしくて気持ちが柔らかくなるような匂い。

エピローグ――忌野清志郎ランドの日々

ずっと昔に、私はRCサクセションに出会い、幸運にも彼らの近くで仕事に就いた。まだまだ子供のような年齢だったのに、向かって行く先はそこしかないような決め方がどうしてできたのだろう。

あのとき、なにを信じたのかな。

いったいどこを夢みていたのだろう。

夢の中でときどきは現実に戻って、現実の中でときどきは夢を思う。こんなままでいいのかなって思った、けれどきっとそれがいいんだろうと考えることにした。

夢見る夢子を両親はアキレていただろうな。兄はテレビのチャンネル権を奪われるし、弟は「無理矢理、国立《くにたち》に連れて行かれた」と言う。

RCの横で、長い距離を歩いてきちゃった。

永遠に続くと思っていたのに、RCはバラバラになってしまった。でもだいじょうぶ、彼らはどこにも行ってない。人のまわりの出来事が変わっていくだけで、その人は変わらない。どうやらそういうことみたいだ、そんなことがわかった。

清志郎の歌は変わらない。私が聴きはじめてから少なくとも40年くらいは変わっていない。

暗い歌、重い歌、叱られているような歌、失恋の歌、恋をした歌、エッチな歌、あいさつの歌、ただの歌、明るい歌、励まされた歌。

いったいどのくらい曲を作ったの？

いったいどのくらい曲を聴いたかな。

いつでもそれがあれば、耳は喜ぶ。メロディを聴きたがってるから。

いつでもそれがあれば足もよろこぶ。リズムをきざんで歩けるから。

いつでもそれがあれば両手もよろこぶ。なぜならば手をつなげる。

清志郎の歌ならサイコー。だれだって喜んじゃう。

気持ちが悪くなんてならない。いい歌ばっかり聴かされて、でも、ときどきはもういいんだ。そうだよ、ゆっくりテンポを落としていこう！

まるで温泉につかったみたいな曲。もうなかなかここから出たくない。

けど茹だっちゃう。もう少しで出発しよう。

どこに行くの？

そうね、日本がいいね。そのあたりに行こう。メチャ近い近所。

ベランダに朝日が光ってる。そのあたり、注意深く観察しないといけないよ。

どこかに清志郎がかくれているかも。つぶつぶになってこっちをみてる、かも。

かくれたって無駄だよ。しょーもないことしても無駄。光ってるからすぐにわかっちゃう。ときどきあらわれる。つぶつぶしてる。そんな感触。

つかんでもつかみきれない。つぶつぶだからね。

清志郎に触れることは、もうできない。でも彼は変わらない。いままでだってそうだった。楽屋にいたって仙人みたいだったんだから。

清志郎に教えてもらったことは、大きな空気みたいなものだったりする。いまはまだ気づいていないこともたくさんあるだろう。あぁ、そうか、こんなことを言いたかったのかなーと、いまでもときどき思ったりするからだ。清志郎みたいに、表側から目で見ることのできないものを感じようとはするのだけれど、なかなかうまくはいかない。

清志郎のバランスのとれた強靭な精神力と、自分を信じる力と、差別のないやさしさ力、言葉にするとこんな感じに、あこがれている。

私は、今日も「いま」を過ごしている。

駅までの歩き慣れた道を歩く。街路樹の名前も気にしたこともない道だ。とてもいい感じ。清志郎が浮かんだら、いまからこれを「清志郎ロード」って呼ぼう。

駅前のなんでもないファミレスに入って、窓際に座って行きかう人を見てる。なんだか座り心地がいいイス、これは「清志郎シート」だな。

そこいらじゅう、清志郎だ。まるで「忌野清志郎ランド」だ。

清志郎のことが大好きな友達にそっと教えてあげようかな。

そんな日もある。


本を書いているあいだ、私は、しばらくお会いしていなかった人に会えたり、声を聞いたり、思い浮かべたりもしました。

清志郎には、集中するという時間がどんなに楽しく面白いことかを、また今回も教えてもらったようです。


この本を書くにあたって、たくさんのみなさまのお力添えをいただきました。

相澤自由里さん、栗原景子さん、竜平さん、百世さん、ベイビィズのみなさん、瑞穂町の栗原家のみなさん、春日博文さん、三宅伸治さん、梅津和時さん、片山広明さん、金子マリさん、ワタナベイビーさん、アサミカヨコさん、三田格さん、水越真紀さん、蔦岡晃さん、白神通弘さん、川口好美さん、マツとパウル、編集スタッフのみなさん、そして、竹中直人さん、坂田喜策さん、仲井戸麗市さんに心から感謝いたします。

おおくぼひさこさん、ごいっしょできましたことを光栄に思います。ありがとうございました。

そして、RCサクセション、忌野清志郎――ボスに、何度も何度も感謝いたします。

2014年 6月吉日

片岡たまき

ちくま文庫版エピローグ——ラスト・ショウ

原宿と渋谷の中間に「カフェ　シーモアグラス」という喫茶店がある。まるで国分寺あたりにあるような、あたたかい空気の流れる木造りの小さな絵本喫茶。

女主人の織衣さんは、やっぱり絵本から登場したようなキャラクターで、おかっぱ頭に優しい目、いつも柔らかい風合いのロングスカートと、洗い晒したエプロンを腰からフワッとかけた小柄な女性。彼女は、椅子に座る私と話をする時、必ず目線に合わせてしゃがむ。時には床にペタンと座ってしまう少女のような人でもある。

お会いした当初はわかっていなかった。この小さな体に詰まった熱い情熱を。それは、フランネルの布地に包まれた湯たんぽのようにじわじわとやってきたのだ。

シーモアグラスでは、清志郎の誕生日から命日までの1カ月の間、『それで君を呼んだのに　忌野清志郎を想う』という小さな展覧会を、2014年から開催している。

こんな小さな喫茶店に、清志郎ゆかりの錚々《そうそう》たる著名人のオリジナルメッセージがいくつも飾られるのだから、驚きだ。縁あって、私も展示の仲間入りをさせていただいている。『あの頃、忌野清志郎と』も、可愛がってもらって、付箋だらけのまるで参考書のような扱いになっている。お客さんのいない時間に、織衣さんは思い出したように本を開いて私に質問をするが、深い質問ばかりで答えがいがあるのだ。

2022年、夏の終わり。織衣さんから、ちくま文庫の編集者、窪拓哉さんとフリーランス編集者の中島佳乃さんを紹介された。シーモアグラスの本棚に座ってた付箋だらけの『あの頃、忌野清志郎と』が、また陽の光に向かって歩き出したのだ。

感謝です！　織衣さん。

恋も二度目なら　少しは上手に　愛のメッセージ　伝えたい

と、中森明菜さんの『セカンド・ラブ』は語っている。

本も二度目なら　少しは上手に　私のストーリー　伝えたい

と、文庫化に際し、私も思わざるを得ない。

本文に筆を加え、巻末に「ボーナストラック　リンコさん」を書いた。

もちろんあれは実話だ。ＲＣのファンということにマヒしていた女、たまこ（仮名）は、ある出来事により、自分のルーツをはっきりと自覚し、一瞬にして夢から覚めた気がした。と、同時に、すでに忘れている追いかけていたものを思い出し、やっとそこまで届いたのだとわかった日。長い長い私のＲＣストーリーのラストの章にふさわしい、時空を超えたあの日のことだ。

表紙と口絵写真は、単行本と同じくおおくぼひさこさんだ。新しく80年代後半の清志郎を掲載させていただいた。清志郎とひさこさん、ふたりは同じステージ上でライブをしているみたい。

帯は、チャーさんとのんさんにキュッと締めていただいた。ミュージシャンを簡単には誉めないチャーさんが、「清志郎はサイコーだね」と、語っていた。のんさんも清志郎の大ファン。ご自身のブランドで清志郎やチャボさんとのコラボレーションアイテムも発表している。ブックデザインは、単行本の愛ある装丁に引き続き、掛川竜さんにお願いした。

そして、巻末「ボーナストラック」で竹中直人さんをお迎えできた。

当初、解説をぜひ！　と、お願いしたのだったが、竹中さんのアツい想いはものすごく膨れ上がり、すごい勢いで走ってぶっ飛んで、ついには、(本編を揺るがす) 大作になっていた。これは「ボーナストラック」だ。

その打ち合わせは、ご本人もよく知るシーモアグラスで行われた。私は竹中さんとワインを傾け、織衣さんがおつまみを作りながら見守っている。そして、原稿確認は、その場で竹中さんが朗読するのだ！　こんなの初めて。あの低音の美しい声で。清志郎のセリフは清志郎の喋り方そっくりに。RCの歌や口笛まで盛り込んで。竹中ワールド・イン・シーモアグラスの夕べは爆笑の打ち合わせだった。笑ったり、涙ぐんだり、至福の時間だった。カウンターの上にある清志郎のイエーも笑ってて、みんなでイエッーって乾杯をした。

清志郎はたくさんの人の愛に包まれている。その愛を感じた幸せな文庫化だった。

さて、本全体を見渡してみると、私がむかしに携わっていたRCサクセションの「会報」のような気安さも感じる。ほどよく力が抜けつつ、編集者の道しるべにも恵まれた。「本も二度目なら～」だ。

単行本でお世話になった方々へ再会の感謝をお伝えします。

そして、我が母にも感謝。RCを追っかけていた少女も60を過ぎ、立派におばさんになったよ。ありがとう、お母さん。

清志郎は今、どこじゃ、どこにおるのじゃ。

旅立って14年が経とうとしている今も、清志郎は現在進行形だ。時間が経ったおかげだろうか、不在ということに感傷的にはならないのだ。それに気づいた。

今、この胸には、いっぱいの思い出と、ごく小さな穴がある。そこから思い出が漏れるかもしれないけれど、それを自由にしてこの筆をおくことにしよう。

清志郎に、RCサクセションに、いつまでも感謝いたします。

２０２３年２月吉日

片岡たまき

もうひとつのボーナストラックをあなたに

竹中直人

たまきさんから『あの頃、忌野清志郎と』の単行本の帯に「言葉をお願い出来ませんか？」と連絡があったのは、今からもう9年も前のことだった。

「ぼくなんかで良いんですか？」

「ぜひともお願いしたいんです」

「ぜひ」という言葉に弱いぼくは「まったくの非力ですが……」と、たまきさんから『あの頃、忌野清志郎と』の本を受け取った。


ボスがこの世を去ってからたくさんのボスの本が出版された。

全てを読んだ訳じゃないけれど、たまきさんの文はとてもリアルでなつかしかった。すごい物語だった。だってさ、RCサクセションのファンだっただけの人が、RCのマネージャーになったんだぜ！　なんて情熱だ！　愛のエネルギーの強さよ！　見事だぜ！　片岡たまき！　心地よく、そして涙しながら読み終えた。

「ひとつひとつの言葉が心に染み込んでくる…。清志郎の音楽が何度もリフレーンしやがる！　涙が止まらない…。泣くことを許してくれるサイコーな言葉たち。ずっとずっとずっと持ちつづけていたい…言葉、そして文。」

これしかない。その時はそう思った。たまきさんもその言葉を気に入ってくれた（今、改めて読むと「…」多すぎだね）。

その頃はまだ、誰もが受け止めようとしても受け止められない出来事、信じきれない出来事を受け止めざるをえない日々を過ごしていたと思う。

あんなにも「ベイビー」って言葉が似合う人はいなかったし。あんなにも「ガタガタ」ってフレーズが似合う人はいなかった。「愛しあってるかーい」なんて言葉をあんなにもイカして言える人はいなかった。


たまきさんから帯の文にオッケーを頂いたぼくは「本の完成を祝って小さな打ち上げをやりませんか？」とたまきさんに連絡した。そしてワタナベイビーも誘って三宿にある小さなロシア料理屋さんに集合した。3人でゴッドの思い出話をたくさんたくさんして、笑ったり、泣いたりしながらお酒を飲んだ。ベイビーはお酒を飲めないけれど、あの独特な声と顔でにやにやしながらボスとの物語を語った。

「ボスのロックン・ロール研究所でお互いの肖像画を描き合ったりしてたんですよ」

たまきさんも、にこにこしながらRCの、清志郎の物語を語ってくれた。だってR

Cのマネージャーだったんだぜ！　この本には絶対書けなかった「えー?!」っていうようなボスの秘密が聞けちゃうんだから。

ぼくもマケズに話した。

「清志郎さんは『ナマステ～♪』ってぼくの挨拶を『それいいね』って気に入ってくれてて、ボスに会う時は必ずこの『ナマステ～♪』を言い合ってたんだよね」

なんてね。

3人の小さな打ち上げは今から9年前、初夏の匂いを感じる夕方だった。

そして今、この本が文庫化されるということで再びたまきさんから「解説をお願いできませんか？」と連絡があった。

「え?!　ぼくなんかで良いのですか？」

「はい。ぜひお願いします」

「ぜひ」という言葉に弱いぼくは「はい。分かりました。まったくの非力ですが」とお引き受けしたのだ。そして今、改めてこの本を読み直した。

読後感が9年前に読んだ時とはあまりにも違っていた。

あの頃読んだ時以上に、清志郎さんの顔が浮かんできた。

読み進めていくうちにどんどん気持ちが重くなった。後半にいけばいくほどページを捲《めく》るのが怖かった。何故だろう。分析すると怖くなる。自分が歳を取ったことも大きく影響しているかもしれない。すでにぼくはボスの歳を超えてしまっている。そして、歳を取るたびに友がどんどんこの世を去ってゆくからかもしれない。本は読み返すその時その時で大きく変化する生き物だ。もちろん音楽も、映画も、絵画も……。

いや、全てのものは時代と共に変化する生きた化け物だと思う。たまきさんの描くこの本は、RCサクセションという偉大なるバンドの軌跡。忌野清志郎というミュージシャンの偉大なる半生を見事な臨場感で捉えているからこそであり、忌野清志郎の数少ない証言者としての文がまた新たに深く胸に突き刺さってしまったんだろう。そして時の流れの速さにも胸が締め付けられた。

ぼくが初めてRCサクセションと出会ったのは16歳の時！　あまりにもとーい昔だ。そう！　遠い昔、ラジオから流れてきた『ぼくの好きな先生』だった。「何だこいつの声?!　どくとくすぎる！　変な声!!　嫌いだこういう声！　絶対にイヤだ！　クセ強すぎじゃん！」が最初の気持ちだった。あまりのインパクトだったと思う。

そして、その頃とほぼ同じ時期に出会ったのが……！　古井戸だった！　やはりラジオだ。『窓の向こうは冬』という歌。もうしびれた！　しびれまくった。せつなくて苦しくてすぐにすぐに古井戸の大ファンになった。今みたいに即音楽が聞けちゃうような時代じゃなかった。今は携帯が勝手にあなたの好きそうな音楽とかいって選曲してくれちゃうんだ。驚きだよね！　昔を知ってる高齢者ってすごいよね！

ぼくは古井戸のLPレコードがものすごく欲しかった。そして、区役所勤めの父の仕事が早く終わる土曜日、父と一緒にレコードショップに行って『古井戸の世界』というLPレコードを父にねだって買ってもらったんだ。その時、エレックレコードの「ELEC」の文字が深く胸に刻まれたのを覚えている。ロゴのデザインもイカしてて、エレックレコードってなんだかすごいって。

聴きまくった！　擦り切れるほど聴きまくった！　ライブにも行った！　加奈崎芳太郎、仲井戸麗市を初めて生で観た！　神奈川県民ホールだった。加奈崎さんの生のヴォーカルの迫力！「何とかなれ〜♪！♪！」と爆発する激情歌！　そしてチャボさんの美しさ！　あの立ち姿！　そしてあの美しい目。ギターを弾いている時のあの口元！　震えた震えまくった！　チャボさんの美しさは本当に尋常じゃなくて、こんな人を見るのは初めてだった！　ぼくは心の底からチャボさんが大好きになってしまった。

そして時を同じくして、どういうきっかけだったか、高校の友達の岩波くんか、井澤くん、もしくは布施賢司に誘われて同じ神奈川県民ホールで3人編成の生RCサクセションを観たのだ!!!　うお～!!　震えた！　生で観たRCの演奏と歌は、もう普通じゃなかった！　普通な訳がない!!　狂気さえ孕《はら》んでいた！　ラジオで初めてRCを聴いた時に「何だこいつの声?!　イヤだ気持ち悪い」なんて思った気持ちは全てすっ飛んでしまった！　清志郎のギター！　歌声！　破廉ケンチの左ききの激しいギター！　ヴォーカル!!　林小和生のずしんと響くウッドベース!!「も～っとおちついてぇ～いぇ～も～ぉとぉ～おちついてぇいぇ～♪」!!　目が釘付けになった！　清志郎さんもすごいんだけれど、何と言ってもあの絞り出すような、歯ぎしりをしながら歌うような破廉ケンチさんのあの歌声!!!　たまらなかった！　あまりにもたまらなかった!!　すげ～バンドを観た!!　まだ16歳だったぼくは、なんと表現していいか分からなかった。「すげーすげー！」。ただただそれだけだった。そして将来は絶対フォークシンガーになる！　と心に決めたのだ！

うお～！　あとがきを書きながら叫びたくなってしまった！　とてつもない興奮だ……。息が荒くなる。60を過ぎたジジイが、70を目の前にしてるジジイが、まるで16歳のあの頃に戻ったようだ。ちょっと休憩だ。明日の朝早く仕事だからひとまず休憩することにする！

「おいおい！　それは書かなくて良いだろー！」と思ったが書いてみた。

まずは歌を覚えるところから始まった。

『新譜ジャーナル』なつかしー！

『ｇｕｔｓ』もあったなー！

脳が破裂するー！

古井戸の歌は加奈崎さんの声もチャボさんの声も元キーで歌えたんだ！　ところが！　ＲＣの歌はキーが高すぎて歌えない！　だからすぐに歌うことを諦めた！

でもライブはまめに行った。神奈川県民ホール、渋谷のジァン・ジァンもよく行った！　『ヤング・インパルス』って神奈川でしか見れないテレビも古井戸、ＲＣが出てくるとかぶりつきで見ていた。

ジァン・ジァンってライブハウスが渋谷にあったんだよー！　知ってる人はもう高齢者だけなんじゃないかなぁ。ちょっとせつないぜべェべ。渋谷なんてさ、慣れない街だからお父さんのコートをこっそり借りて出かけたんだ。

――何故お父さんのコート？

ちょっと大人っぽく見えるだろ？　おれ高校生の頃、けっこう老け顔で美術部の後輩の高橋真知子さんから「おじさん」って呼ばれてたんだ。その高橋真知子さんは背がすらっと高くてロングヘアで声に個性があって……。あっ、ぼくは横浜にある中高一貫教育の学校で、高橋真知子さんはぼくの後輩だったんだよ。いやあ懐かしいなぁ。美術部には笈川真理子さんて女の子もいてさ。

――おい!!!　その話、全く関係ないだろ！

あ、しっけいしっけい。

日比谷の野音もよく行ったんだよ！　『唄の市』とか！　その頃、ＲＣは『唄の市』には出てなかったけれどね。ギターもトムソンっていう、ギブソンをもじったハミングバードそっくりのギターを横浜の楽器屋さんで1万円で買ったんだ。弾けもしないのに楽器屋さんの椅子に座って音なんか出しちゃって……。めちゃくちゃ恥ずかしかった。子供のころからいつも人にバカにされてるような気持ちがずっとあったんだよな……。

——おい、その話も関係ないんじゃないか？

いや、ちょっとあるんだよ。おれはコンプレックスの塊だったからさ、自分じゃない人間になりたいって思いがずっとあったんだよ。だから古井戸とRCに出会って絶対ギターを弾けるようになるんだって思いが溢れて自分自身のいじけた気持ちがすっ飛んだんだよ！　うお〜!!!

——うるせーよ！　うお〜！うお〜！って。お前の話はどうでもいいんだよ!!!

ごめんね。でもギターは猛烈に特訓したんだぜ。

ぼくは『楽しい夕に』って2枚目のアルバムが特に好きだった。アルバムのデザインも好きだったな……。遠い昔、RCと古井戸と泉谷しげるさんが九段会館でライブをやって、観に行ったんだよ。それでね、そのアルバムの中の『九月になったのに』をみんなで歌ったんだよ。カッコ良かった。苦しくて悲しくてたまらなかった。

おれさ、高3の時に一緒にバンドやってたやつと作った曲が、ヤマハのポップコンのテープ審査に通って神奈川地区大会に出たことがあるんだよ！

——おい！　その話も全く関係ないだろ‼

分かってる。でも聞いてくれ！

もちろんぼくはヴォーカル、ギターだよ。そしていざ自分たちの出番！　となってステージに立ったんだ。そうしたら、思った以上に人が入ってて、これから審査されるんだって思ったら、全部歌詞が飛んじゃって、ただのインストバンドになってしまったんだよ。情けないだろ……。そんなこともいつか忘れていくんだよな。

たまきさんは清志郎の大ファンでずっとずっと一緒にいたんだもんな……。この本を読むと嫉妬するくらいRCと共に過ごしているけれど、実際はとっても大変だったろうな……。だってさ、『ラプソディ』からの新生RCサクセションだぜ！　ギンギンのRCだぜ！　ぼくはね『シングル・マン』のアルバムまでがっつり聴いていたよ。全てが大好きなアルバムさ。でもさ、チャボさんと清志郎さんてなんか通じる雰囲気があるな……って高校生の時から生のLIVEを観ながら感じていたんだ。2人ともよくヘアバンドをしてたからってわけじゃなくて、ただよう2人の匂いに何か共通するものを感じてた。

2人は見えない糸で繋がってるって感じだった。

——どうしてそう思ったんだよ？

どうしてって言われてもライブを観ながら感じたことだから理屈はないんだよ。もううるさいなぁ！

あっち行っててくれ！

まだ多摩美の学生だった頃に、ぼくは初めて清志郎さんとチャボさん本人に出会ったんだよ。それも渋谷ジァン・ジァンさ。

70年代、『ビックリハウス』という雑誌があったんだ。その編集部が渋谷ジァン・ジァンのビルの前にあったんだよ。その『ビックリハウス』がぼくを気に入ってくれてぼくのことを記事にしてくれたんだ。もう45年くらい前の話さ。

『ビックリハウス』の編集部の人たちは本当に優しくてぼくの理解者だった。寂しがりやのぼくはそれがとってもうれしくて、ちょくちょく編集部を訪ねていったんだ。

そんなある日、ピピ&コット[*1]のメンバーの方と出会って。RCと古井戸の話になったのさ。ピピ&コットの方が「そんなに好きなら今度ジァン・ジァンで紹介してあげるよ」って言って下さった。ぼくは21歳の時にステージ上にいない、楽屋にいるRCとチャボに出会ったんだ！　うお〜‼

RCをだんだんチャボさんがサポートしだした頃だね。

――へぇ……。

ぼくはどこか心配だった。チャボさんがRCに行っちゃうんじゃないか……って。あっ、ぼくはチャボさんの追っかけやってたんだよ！

――嘘だろ！

嘘じゃないよ。住所調べてチャボさんの家に行ったことだってあるんだから！

――お前ってどんなやつだよ……。

チャボさんも呆れていたと思う。なんだこいつ……って。でもひさこさんが家に入れてくれたんだ。あのね、チャボさんは当時おれのことすごく嫌っていたんだよ。

今思うと本当にぼくは図々しかった。

初めてジァン・ジァンの楽屋でお会いした時、古井戸の加奈崎さん、そして清志郎さんはすぐにぼくのことを受け入れてくれたんだ。当時ぼくは人前恐怖症みたいなやつで、何かの人格を借りてないと人と接することが出来ないおかしなやつだったんだ。でも清志郎さんは「面白いやつだな」って気に入ってくれた。
「ぼく多摩美なんですが今8ミリ映画を作ってて、ぜひ加奈崎さんにも清志郎さんにもチャボさんにも出演していただきたいんです！」なんて平気で頼んだんだからな……。清志郎さんはすぐ出演をオッケーしてくれてさ。チャボさんには「ぼく、古井戸の『ポスターカラー』っていう曲が大好きで、その曲をイメージして『ポスターカラー』っていう8ミリ映画を作ったんです！」なんてものすごいテンションでチャボさんに迫ってしまって。うわぁ～いかんいかん、チャボさんの話をしだすと止まらなくなってしまう！

——おい！　竹中！　いい加減落ち着け！　これじゃあ読んでるほうが疲れるぞ！　それにこれは忌野清志郎さんの本だぞ！

分かってる！　うん。分かってる！　そうだな……。

この話は別の機会にするよ。ぼくはとにかくチャボがRCに行ってしまう……という不安に包まれていた。RCはもちろん好きだったけれど、清志郎、破廉ケンチ、林小さんのRCで、古井戸は加奈崎さん、チャボさんの古井戸。ぼくの中ではそれが揺るぎなくあった。でも古井戸は解散した。

その解散コンサートにぼくは行った。厚かましく楽屋にも行った。

もちろん清志郎さんもいた。

「竹中、あの8ミリ映画はどうなったの？」

「清志郎さん、ごめんなさい。清志郎さんには本当に出演していただきたかったんですが撮影途中でカメラが壊れちゃって……。修理代がなくて」

「そうなんだ。それは残念だな」

「また、必ずいつか……」

「分かった、待ってるな」

「はい」

そして清志郎さんは言った。

「竹中、RCは変わるぜ」

その日の清志郎さんは寝起きのような腫れぼったい顔だった。

それからしばらくの時が流れ……。

あの3人編成だったRCサクセションは大きな変貌を遂げた。

高校時代、友だちと好きなミュージシャンの話をしていてもRCの名前を挙げるやつは少なかった。でも井澤晃とか分かるやつにはめちゃくちゃ分かるRCサクセションだった。

——何が分かってたっていうんだよ？

知る人ぞのみが知る、あの感じだよ！　みんなが知ってる！　ってやつじゃない音楽だよ。ジャカジャカギターをかき鳴らし「2時間35分〜♪！」って歯ぎしりしながら叫ぶように歌う、あの重いサウンドのRCサクセションだよ！　井澤と岩波と正岡克己、おれたちだけが知ってるRCサクセションだった。そのおれたちだけのRCが……。まるでローリング・ストーンズみたくなっちまったんだ。チャボがキースみたくなっちまった！　大メジャーになっちまった……。みんなが「きゃーきゃー」言うようなバンドになっちまったんだ。

うお〜!!!　ショックだった。あまりにもショックだった。

——どういうことだよ？　大好きなミュージシャンが有名になって、誰もが最高！

って認めるバンドになったんだ。素晴らしいことじゃないか？

あんたにゃ分かるまいよ、この思いは……。

ぼくもただのファンだった、忌野清志郎、そしてチャボ、ただのファンだっただけなのに清志郎のライブにゲストで呼んでもらったり、チャボさんとは南青山ＭＡＮＤＡＬＡで一緒にライブやったりする関係になっちまった。16歳の頃のぼくは、そんなこと想像していただろうか……。


清志郎はぼくの監督した映画『１１９』（１９９４年・松竹）で映画音楽もやってくれたんだぜ。すげーだろ。一緒に映画を作ったんだぜ。

――お前の自慢話を聞くためにこのページは設けられたわけじゃない！

でも清志郎の言葉はいっぱい覚えてるぞ。

清志郎から自宅に電話があってぼくが「はい。竹中です」って出ると、「もしもし忌野ですが」って言うんだ。そして電話を切る時、清志郎さんは必ず「失礼します」って言うんだ。

ぼくが初監督した映画『無能の人』（１９９１年・松竹富士）に清志郎さんにも出て

もらいたくてお願いしたことがあるんだ。ほら、多摩美時代の8ミリ映画のこともあったし！　そうしたら清志郎さん、なんて言ったと思う？

「竹中、おれは役者じゃない。ミュージシャンだ。残念だけどお断りさせてもらうぜ」って言ったんだ。


ところがっ！　がっつ！　ｇｕｔｓ！

清志郎さんは『お墓と離婚』（1993年・日本ヘラルド映画）でちゃっかり映画俳優デビューをしちまうんだ！

岩松了さんが初監督する映画だ。「清志郎さんに出演してもらえないか、竹中、聞いてみてくれないか」と岩松さんから連絡があった。ぼくは清志郎さんに伝えた。

そしてなんと！　清志郎は「おれは役者じゃない、ミュージシャンだ」って言ってたくせに、出演を承諾してしまうんだ‼　うお～‼　ぼくはブチギレた！　ギンギンにブチ切れた！

「ふざけんなー！　清志郎！」

ぼくは清志郎さんの自宅玄関まで押しかけた！　慌ててサンダルをつっかけて出て

きた寝起きの忌野清志郎にぼくはつかみかかったのだ！

「竹中！　や、やめろーっ！」

清志郎はぼくの手を必死に払いのけて言った。

「竹中、おっ、落ち着けっ！　俳優って仕事も面白いんじゃないかって、なんとなく……」

「聞く耳持たーん‼」

ぼくは清志郎さんの両肩を摑むと、清志郎さんのおでこに、思いっきり頭突きを食らわせた‼

清志郎が叫ぶ。

「ものすげ〜痛ぇ〜‼」

このくだりは全部嘘だ。

さあ、いよいよここから、あの頃の清志郎を始めるぜべェべ〜!!!

――えー?!　今までのはただの前置きだったのかよー?!

清志郎さんと深くなれたのは映画『119』の音楽を清志郎さんにお願いしたことがきっかけだった。

清志郎さんに映画音楽をお願いした時……「竹中、今回はよろこんでやらせてもらうぜ。何故ならおれはミュージシャンだからな」って。

撮影初日の前日、ロケ場所の伊豆松原の宿に、清志郎さんからカセットテープが届いた。「竹中くん。一応こんな感じでざっと曲を作ってみました（自宅のカセットで録音）。『満月の夜』って曲はエンディングをイメージして書いたものです。PS．一応M1、M2なんて感じで入れてますが、竹中監督のイメージに合わせて入れ替えてもらってもかまいません」って手紙も一緒だった。

全ての曲が完璧で、あまりも素晴らしかった……。

清志郎さんと脚本を見ながら、ここで音楽が必要です。『夜の散歩をしないかね』みたいなやつがいいな……とか、このシーンでは加山雄三みたいな雰囲気でとか……そんな打ち合わせをやって、1週間後くらいだったと思う。清志郎は一気に20曲も書き上げてカセットを送ってくれたのだ。

『119』のサウンドトラックをお願いした時に清志郎さんに聞いた。

「清志郎さん、チャボさんは参加してくれないですかね……」

「う〜ん、それはちょっとむずかしいかもな」

「そうですか……」

「加奈崎なら大丈夫かもしれないぞ」

「本当ですか?!」

清志郎さんはすぐに加奈崎さんに連絡してくれた。後でチャボさんから聞いたことだけれど、清志郎さんはチャボさんには連絡してなかったみたいだ。「きっと清志ちゃんは独り占めしたかったんじゃないかな」とぼくに言っていた。

目黒のスタジオに入ってからは夢のようなレコーディングの日々だった。映像に合わせてギターを弾く清志郎さん……。

「竹中くん、このシーンの浅野（忠信）くんのギターがさ、カットごとに微妙にテンポがずれてるから弾き直していいかな？」

ずれたテンポと言っても浅野くんの責任ではないのだ。青い空の下、船の上で非番の消防士たちがヒロイン（鈴木京香さん）に向かって、清志郎さんが作ってくれた『肥沃なデルタ』って曲を歌うんだけれど、撮影当日は船の揺れが激しくて、1曲ちゃんと通して撮影してないんだ。カットごとに浅野くんにギターを弾いてもらって歌ってるから、シーンをつなぐと微妙にテンポがずれてしまっていた。ところが清志郎さんはまるでマジックのようにその場でギターを弾き直して、元のテンポがズレていたのにもかかわらず、なんの違和感もなく合わせてしまったんだ！

――おい！　映画を観てない人にはさっぱり分からない話だよ、それ。

そうだよな……。ごめん。でもそのレコーディングの時、『119』のキャスト全員が集まって、清志郎さんの作った曲を清志郎さんと一緒に歌ったんだ。

「ぼくの～船は～今も彷徨《さまよ》う～♪」

みんなキラキラな顔をして歌ったんだ。ヒロインの鈴木京香さんもね！

レコーディングスタジオに通う日々が本当に楽しかった。だって毎日そこに忌野清志郎がいたんだ。でも清志郎は夜型だからスタジオに入るのがだいたい20時くらいだったよ。あっ、サントラCDは出てるんだよ。しかし『119』はレーザーディスクにはなったんだけれどDVDにはなってないんだよね。さみしい限りさ。

『119』の映画音楽で清志郎さんは日本アカデミー賞最優秀音楽賞を受賞した。ほとんどの人が知らないと思うけれど……。授賞式の日。

「いやあ竹中、映画の世界ってすごいな」

アカデミー賞なんて初めての世界に清志郎も緊張してたんじゃないかな（日本のアカデミー賞だけどね）。まだ映画がフィルムだった時代だよ……。編集もパソコンじゃなくて、フィルムを切って手で繋ぐ作業が当たり前だった時代さ。もう全てがデジタルだもんね。便利で良いけどさ……。

——そう！　便利な時代さ！　お前ももう今の時代にすっかり慣れただろ？　携帯無くしたら大変さ……。おい！　昔は良かった……なんて絶対言うなよ！

うん。

授賞式のあった京都から、ふたりで新幹線に乗って東京まで帰ったんだ。まだ新幹線に食堂車があった時代さ。

「竹中、食堂車で乾杯しないか」と清志郎さんが誘ってくれた。

「はい！　ぜひ！」

ふたりで食堂車へと向かった。

ぼくの前を歩く清志郎。その後ろ姿を見つめた。おれは今、忌野清志郎と新幹線に乗っている……。深く深く噛み締めた28年前の春のことさ。


こんなこともあった。ぼくの3本目の監督作『東京日和』（1997年・東宝）が公開された10月のある日。

自宅の電話が鳴った。受話器を取ると、

「もしもし、忌野ですが」

「あー清志郎さん！」

「竹中、『東京日和』、お客さん入ってるらしいじゃないか」

「はい、そうなんです。明日ぼく、有楽町スバル座に観に行くんですが、清志郎さん明日って空いてますか？」

「竹中、おれは毎日忙しいけど、明日は空いてるぜ」

タクシーで清志郎さんの自宅前で待ち合わせして有楽町スバル座へと向かった。その頃の清志郎さんの髪は紫色だった。茶のコートに紫の髪がとても綺麗だった。劇場に入ると清志郎さんが言ってたようにお客さんがいっぱい入っていた。満席だった。「竹中、やったな」、清志郎さんはぼくの隣で何度も何度も言ってくれた。

数日後、ファンレターなんて全く来ないぼくに、一通のファンレターが届いた。そこには「『東京日和』、観させて頂きました。竹中さんがいらしていた日と同じ日でした。竹中さんと一緒にいた紫色の髪の人はどなたでしょう? とても気になりました」と書かれていた。そしてぼくは返事を書いた。

「バカヤロー! 清志郎だよ!」

あっ! チャボさんの言葉を思い出した。

「清志ちゃん、結構出たがりだからな」

そう! 出たがり忌野清志郎。本当に可笑《おか》しいんだ。

ある日、清志郎さんから電話があった。

「もしもし忌野ですが、竹中、『ライオン先生』*2毎週観てるよ。面白いね」

「えー本当ですか?! あ、ありがとうございます!」

ぼくが2003年に主演していた低視聴率ドラマだ。

清志郎さんが言った。

「……竹中、出番ないか？」

「え⁈　清志郎さん出てくれるんですか⁇」

「うん。出たいんだよね」

「それ、めちゃくちゃ嬉しいです！　でも清志郎さん、そのドラマ視聴率1ケタなんですよ……」

「え……？　あ……そうなんだ……」

一瞬狼狽《うろた》える清志郎。

「……それでも大丈夫ですか？」

「そっか……いや、いや、大丈夫」

「嬉しいです！」

清志郎はハゲの特殊メイクまでしてくれて、本当に楽しそうにぼくの先輩役を演じてくれた。

ぼくが下北沢・本多劇場で舞台をやっている時のこと。自宅の電話が鳴った。

「もしもし忌野ですが。竹中、下北で舞台やってるらしいじゃないか？」

「あ、はい。やってます。ぜひ観に来てください！」

「出番ないか？」

「え?! 本当ですか？ でも舞台だし、清志郎さんがいきなり出てきたら大変なことになってしまいますよ。稽古なんて出来ないし」

「そうか、残念だな〜」

寂しそうな声が受話器にひびいた。

その時の舞台は大変苦しい舞台だった。酷評を乗り越え、なんとかみんなで楽しくやっていた舞台だった。それに、清志郎さんが「出番ないか？」と言ってくれた日は客席もかなり空いていたんだ……。清志郎さんの電話はとても嬉しかったけれど、お客さんが入っていないのを清志郎さんに見られるのはすごく恥ずかしかった……。

しかし！ ぼくは言った。

「あっ、清志郎さん、カーテンコールの時に清志郎さんがサプライズで歌ってくれるってのはどうですか？」

「お、いいね～」

今思うといや、ずっと不思議でならない。こんなにも偉大なるロックンローラーがなぜこんなにもぼくのことを気にかけてくれたのか……。

誰にでもそうだったのか？　今はもう分からない。

そしてその日、夜から雪になると天気予報が言っていた。

舞台開演1時間前に、忌野清志郎は本多劇場にギターとメイク道具と衣装を抱え、やってきた。

「今日はめちゃくちゃ寒いなぁ～」

楽屋に入った清志郎が言った。

「竹中、やっぱ、ステージ衣装でメイクして出たほうがいいかなと思って、念のため一式持ってきたよ」

うお～!!　清志郎さんがぼくの楽屋でステージ衣装に着替えている。化粧箱からメイク道具を出して、ぼくの目の前でメイクをしている……。清志郎は言った。

「竹中、舞台も観たいからさ」

清志郎は舞台終演後、客席から登場することになった。

「あとで感想も聞かせてください」

「分かった」

開演ベルが鳴り客席の明かりが消える。スタッフが清志郎さんを後部座席へと案内する。目立たぬよう衣装の上に黒いフード付きマントを着てそっと座る清志郎さん。その姿が舞台袖から見えた。

そして舞台が始まる。清志郎さんが観てくれている。そんな思いにテンションが上がった。そして終演。

「みなさん本日はお寒い中、ありがとうございました！　そして本日、この日のために素晴らしいゲストの方がいらして下さいました！　ではご紹介します！　忌野清志郎‼」

一気に客席が盛り上がった‼　黒マントを脱ぎ捨てた忌野清志郎が客席から舞台へ！　目の玉が飛び出そうな観客たち‼　袖からスタッフがギターを渡す！

「いやあ〜どーも忌野清志郎です。舞台、面白かったね」

空席は目立つものの客席はとんでもない盛り上がりだ‼

「じゃあ、1曲歌います。本多劇場イェーイ、竹中直人イェーイ！　天国はなぁ〜い♪　ただ空があるだけ〜♪」

客席は異常な興奮と静けさに包まれた。そしてぼくはゆっくり目を閉じた。

楽屋で清志郎を迎えた。

「清志郎さん、今日は本当にありがとうございました」

「いや、いや、楽しかったよ」

ぼくは思い切って清志郎に聞いた。

「清志郎さん、舞台……どうでした？」

「いや、なんかさ、最後に歌わなきゃいけないんだよなって思ったらさ、なんだか緊張しちゃってさ。ぜんぜん集中して観れなかったんだよね」

ふと楽屋の窓を見ると、大粒の雪が降りだしていた。

清志郎さんはテレビドラマにも映画にもどんどん出るようになっていた。ぼくも映画で何度か共演した。

京都で撮影が一緒だった時は本当にうれしかった。京都で忌野清志郎に会えるなんて、なんてロマンチック！

撮影が早く終わった日、清志郎は東京に帰らなくちゃいけなかったんだけれど「竹中、鴨川を見ながらご飯を食べるってのはどうだ？」と誘ってくれた。

ぼくたちは河原町までタクシーで向かった。しばらく2人で鴨川沿いを歩いた。そしてここはどうだろと思ったお店に入ったのだ。お店のガラス戸を開けた。

「すみませーん。すみませーん」

ぼくが声をかける。すると奥からお店の人がすたすたと出て来た。「何名さまですか……？」とものすごく感じ悪く言った。

「2人なんですが……」

「ちょっと待っててください……」

お店の人はものすごく感じ悪く奥へと消えた。

「……清志郎さん、めちゃくちゃ感じ悪いじゃないですか。今のうちに出て別のお店探しましょうよ」

「いや、『ちょっと待ってください』って行っちゃったからな、一応待ってようぜ」

えー？　そんな……とぼくは思ったけれど我慢した。するとお店の人が戻ってきて、ものすごく感じ悪く「どうぞ……」とぼくたちを部屋に案内した。一応鴨川が見える部屋だ。「注文決まったらこれ押してください」。ピシッ。とても感じ悪く襖《ふすま》が閉まった。

なんだあの態度は⁈　一見さんお断りってやつか⁈

でもさ、忌野清志郎が目の前にいて、そんな……あり得ないことだ……！

メニューをぼうっと見ていた。清志郎さんもじっとメニューを見てる。

凹んだ気持ちを逆撫でるような、甲高い車のクラクションの音が遠くから聞こえる。

微妙な時間に包まれる。

するとと清志郎が言った。

「竹中、さっさと食べて早く出ような」

ぼくは高校生の頃、清志郎さんやチャボさんを通じて国立を知った。多摩美に受かった時、絶対国立に住もうと決めていた。けれども家賃が高くて諦めたんだ。そして国立に近くて家賃が安い国分寺に住んだのさ。でも国分寺はとてもいい街だった。そして素敵な喫茶店や、定食屋さん、カレー屋さんがいっぱいあった。そして今も変わらず残っているお店がある。新しい監督映画『零落』（2023年・日活）でそのお店を撮影させてもらった。そんなお店も老朽化が理由でいつかは必ず消えてしまう。

清志郎さんと藤村志保さんの舞踏を一緒に観に行ったことがある。その帰り清志郎さんに新宿で飲もうぜと誘われた。新宿にあるバーだった。

「藤村さん、きれいでしたね」

「うん。ああいった動きってさ、相当の力が身体にかかってるよね」

なんてカウンターで話していると、スティービー・ワンダーの『太陽のあたる場所』が流れてきた。ピンッと何かが閃《ひらめ》いた。清志郎さんが言った。

「竹中、おやじバンドの映画作ろうぜ」

ぼくもバスに乗ったオヤジたちが坂道を転落してゆく画が浮かんでいた。笑いながら夢の途中で死んでゆくオヤジたち……。

タイトルはそのまま『太陽のあたる場所』。そして清志郎さんとその企画に向かって準備を進めたのだ。

ある日、清志郎さんから電話があった。

「竹中、今日時間ある？　面白いレコード見つけたんだよ。ロッ研来れる？」

そしてロッ研のドアを叩いた。

「いやいや、沢口靖子のレコード見つけちゃってさ、いいんだよこれが。ちょっと聴いてみてくれる？」と清志郎さんはうれしそうに小さなレコードプレーヤーにドーナツ盤をのせた。

「……これサイコーだよね。絶対おやじバンドのヴォーカルは沢口さんにやってもらおうぜ」

　そしてぼくたちは直接、沢口靖子を口説きに行ったんだ。今思うとすごいことだ。渋谷の喫茶店で待ち合わせしたんだぜ！　渋谷の喫茶店に忌野清志郎と沢口靖子だぜ！　3人で紅茶を飲んだんだ。沢口さんがメニューを見ながら「この紅茶高いわねー」って言ったんだよ。清志郎さんが「ちょっといいですか？」って沢口さんからメニューを受け取った。メニューを見た清志郎が
「あっ、これ紅茶の葉っぱのグラムの値段ですね。お持ち帰りの物ですね」

「そうか、びっくりしちゃったわたし。なんで5000円もするの⁈　って」

3人でけらけら笑いあったのさ。

靖子ちゃんはその映画にぜひ参加したいと乗り気だった。そしてぼくたちはバンドメンバーを探すことに動きだしたんだ。清志郎もどんどん『太陽のあたる場所』の映画音楽を書きだしていた。

ある日のこと、ぼくはある映画を観た。そしてこの若手監督だったら『太陽のあたる場所』の監督に良いかもしれないと思い、その監督に声をかけて清志郎さんと3人で打ち合わせをしたのだ。

清志郎さんはいつにもなく話しだした。

「やっぱ、地方のバンドがいいと思うんだよね」

「ふんふん」

「オンボロバスでツアーみたいな」

「ふんふん」

「沢口さんにはテクノっぽいのも歌ってもらったりして」

「ふんふん」

清志郎さんがこんなにアイデアを持ってることがうれしかった。でも……。

清志郎さんが一生懸命アイデアを出してるのに、その監督は「はい」じゃなくて、なんだか曖昧に「ふん。ふん」ばかり言ってる。それがすごくいやだった。でも我慢した……。

しかし、とうとうぼくはブチ切れてしまったのだ‼

「おい！　いい加減にしろよ！　清志郎さんが話してるんだぞ！　ふんふんっておかしいだろ！」

清志郎さんはぼくを止めた。

「竹中抑えろ。おれは大丈夫だから」

でもぼくはその監督の態度が許せなかった。

今も清志郎さんの「竹中抑えろ。おれは大丈夫だから」が耳に残っている。この日のことを思うと本当に辛くなる……。

清志郎さんと進めていた映画は無くなってしまった。全てぼくの責任だ。映画が中止になった時、清志郎さんはずっと「竹中、残念だな……」と言っていた。

この映画のために書いた曲は『ラフィー・タフィー』のアルバムに全て入っているはずだ。なんて大人気ないことをぼくはしてしまったのか。人生は全て後悔だ……。

ぼくが『サヨナラCOLOR』（2005年・ザジフィルムズ）という映画を準備していた時、どこから知ったのか清志郎さんが電話をくれた。

「竹中、また映画の準備してるんだって？　出番ないか？」

「あります！　絶対出て頂きたいです！」

なんと清志郎さんにはぼくの同級生の役で出演して頂いた。

主人公の同窓会のシーンでギターを弾きながらの司会役、何と役名は加藤秀明（チャボさんの本名）！

「司会の加藤秀明、ノッてまいりましたぁ〜！」

そのシーンではぼくの本当の同級生がエキストラとして参加してくれた。同級生はみんな、あの忌野清志郎が目の前にいる現実にときめきまくっていた。今も同級生に会うとその話で盛り上がる。ぼくたちはきっと何度も何度も繰り返し同じ話をしているんじゃないだろうか？　話すたびに忘れて、そしてまた同じ話で盛り上がるんだ。

その同窓会のシーンで清志郎の出番は全て終わった。するとキヨシローが言った。

「竹中、明日の撮影、見学に行ってもいい？」

「えー?!　うれしいです！　ぜひ！」

2人で鎌倉プリンスホテルに泊まった。清志郎と鎌倉プリンス。むぅ〜、曲が出来ちゃいそうだ。

そして次の日、海沿いの病院の撮影に清志郎は来てくれた。清志郎がぼくの撮影現場を見学してる……。本当にうれしくてさー！

でもしばらくすると清志郎の姿が消えていた。あれ？　どこに行ったんだろう？　気を遣ってそっと帰ってしまったのかな……。そう思ったらちょっと寂しくなった。

すると!!!

「竹中、出番ないか？」

そこには、入院患者ふうの寝巻きに着替えた忌野清志郎が立っていたのだ！

その話をチャボさんにしたら「清志のやつ、しょーがねーな」って……。何だかたまらない気持ちになる。

『グラッド・オール・オーヴァー』は日比谷野音に観に行った。久しぶりのキヨシローとチャボはサイコーだった。夏の野音。蟬がいっぱい鳴いていて。

「暑いぜべェべ」

チャボが歌う『忙しすぎたから』が本当にたまらなくて。「うちのオヤジがさ、清志、沢田研二の本名、知ってるか？　って聞いたらさ、肝沢幅一《ふくいち》って」って言うんだよ。何？

この話、可笑しいよね……。思い出すな……。その日、野音の楽屋で『忙しすぎたから』の歌詞、「手紙の返事を書くのが忙しくて　封筒を買いに行く暇もない」の「封筒を買いに」の部分を「手紙の返事を書くのが忙しくて『舞踏会』に行く暇もない」って、高校時代のぼくはずっとそう思い込んでたって話を、清志郎さんとチャボさんにしたんだよなぁ……。すげー詞だと思ったんですって。

あ、話を戻すぜ。清志郎が「出番ないか？」ってぼくに言った。ぼくはめちゃくちゃうれしかったけれど少し困った顔をして言ったんだ。「だって清志郎さん同窓会のシーンに出演してしまったから、また病院で出て来たら変じゃないですかね」って。すると清志郎は「そうか、残念だな……」とさみしそうに行ってしまったんだ。

でもしばらくすると、さっきよりもちょっと変装して毛糸の帽子とか被って「竹中、これでどうだ？」って戻ってきたんだ！　ぼくは言った。

「清志郎さん、でも清志郎さんって絶対わかってしまいますよ」

「……ん〜そうか、残念だな……」とまた寂しそうにキヨシローは去っていったんだ。

でも、しばらくすると、どこから借りてきたのか、車椅子に乗ってメガネまでかけて……「竹中、これでどうだ?!」って!!　これ、本当の話だよ！


ボス！　ゴッド！　偉大なロッケンローラー忌野清志郎は本当に最高で！　清志郎デビュー30周年の時、ぼくを呼んでくれて、みんな1曲なのにぼくだけ2曲歌わせてもらった！　『九月になったのに』と、清志郎がぼくに書いてくれた『危ないふたり』って曲だぜ！　清志郎が一番最初にぼくに書いてくれた曲は高橋幸宏さんプロデュースの『MERCI BOKU』[*3]のアルバムだった。『おぼえてること』って曲さ。めちゃくちゃいい曲なんだぜ。だめだ！　結局自慢してしまう。

ぼくが高校1年生だった時、美術部に大田静夫さんという先輩がいたんだ。めちゃくちゃかっこよくて優しくて。一人っ子だったぼくは大田さんを慕っていたんだ。でも大田さんはそんなぼくに優しくしてくれた。いろんな相談にも乗ってくれた。ぼくはそれが本当にうれしかったから、友達みんなに自慢したんだ。「大田先輩に仲良くしてもらってるんだ！」って。

ある日の放課後、大田さんが美術部の部室にぼくを呼び出した。まだ木造校舎だった時代さ。美術部はいつも油絵の具の匂いがして学校の中でも一番落ち着ける場所だった。大田さんがじっとぼくを見ている。そして言った。

「竹中、おれと仲良くしてるってみんなに言ってる？　やめてくれないかなそういうの！」

腰がくずれそうになった。絶望感に包まれた。それからは大田さんが卒業するまで二度と会話することはなかった。その思いがずっと心のどこかに残っているから自慢は怖いのだ。でも……。自慢するよ‼

ボスがデビュー35周年を渋谷パルコで4デイズやった時、3回もゲストに呼んでくれた。『ナニワ・サリバン・ショー』でもそうだ。

ボスは優しかった。あまりにも普通だった。

——普通って？　何を基準に？

いや、普通っていうか普通じゃないか……。

でも普段は普通。普通っていうか無口なほうだし、優しいよ、ものすごく。ステージの清志郎とはまるで違う栗原清志さ。

ぼくが「今、ボスの家の隣で撮影してまーす」って電話をすると寝巻きのままベランダに出てきて「おー！　竹中！　今起きたー！」なんて手を振ってくれたりした。

ぼくが50になった時、渋谷のDUOでライブをやったんだ。清志郎はその発起人になってくれて、乾杯の音頭もとってくれた。

「竹中直人ー！　50‼　竹中ー‼　イェーイ！」

一緒に『いい事ばかりはありゃしない』を歌った。この曲が唯一、ぼくが元キーで歌える曲さ。真っ赤なスーツの上下で『雨あがりの夜空に』も歌ってくれた。

でもこの日、清志郎はDUOの楽屋で癌になってしまったことをぼくに告げた。

「夏フェスはとりあえず全部キャンセルしたよ……」

どう応えて良いか分からなかった。大丈夫なんですか……。それしか言えなかった。

しかし……‼　忌野清志郎は完全復活を果たした。

三浦友和さんが清志郎と3人で復活祝いをやろうと企画してくれた。友和さんの案内してくれたお店で3人で乾杯した。

「清志郎！　完全復活おめでとう‼」

「三浦くん！　竹中くんありがとう‼」

乾杯!!!

「竹中、抗癌剤ってさ、竹中には勧められないんだけど、後から生えてくる髪、剛毛なんだぜ」

「あのさ、今更絶対言えないんだけどさ、おれ癌じゃなかったんだよね」

清志郎さんはめちゃくちゃお茶目な顔でそう言った。

良かった！　そうだよ！　そうさ！　忌野清志郎が癌になるわけがない‼　そうだよ!!!　そうだ！　そうだ！

ある日清志郎さんに聞いたことがある。清志郎さんの夢はなんですか？　って。

「それは竹中、ミリオンセラー出すことだよ」

「え？『雨あがり』はミリオンセラーになってないんですか？」

「なってないんだよね」

「でも清志郎さん、前に言ってたじゃないですか？　街を歩いてたら誰かが清志郎さんを見つけて『あっ！　芸能人ですよねっ』って指さされて、なんだと無礼な！『おれは芸能人なんかじゃねぇ！　ミュージシャンだ』って言ってやったって」

「そうだっけ」

「言ってました。清志郎さん、ミリオンセラーって、そんな無神経なやつらにも買ってもらわないとミリオンセラーにならないですよね……」

「……そうだな竹中、そんなやつらにおれの音楽は聴いてもらいたくないな。竹中……、やっぱりミリオンセラーは無理だな」

映画『サヨナラCOLOR』を撮った時、エンディングテーマをどうしても清志郎さんと永積（崇）くんにデュエットしてもらいたかった。

ぼくはレコーディングの1カ月くらい前、清志郎に「清志郎さん、これ、スーパー・バター・ドッグの『サヨナラCOLOR』って曲です。絶対聴いておいてください」とCDを渡した。

「分かった。聴いておくぜベェベ」

ベェベとは言ってないけど、清志郎は崇とのデュエットをオッケーしてくれた。

そしてレコーディング当日。清志郎と崇の初対面の日でもあった。代々木にあるスタジオに忌野清志郎がやって来た！　緊張する永積崇‼

「うおー、どうしよう……」

崇がささやく。

ぼくは清志郎さんに言った。

「キヨシローさん、『サヨナラCOLOR』聴いてくれました？」

清志郎はにこにこしながら言った。

「いやぁ〜、聴いてないんだよね」

うおぉぉ〜‼!

しかしその日、レコーディングは一発録り、一発オッケーだったのさ‼!

すげーだろー！

すげーよな‼　キヨシロー‼

なんだか息が切れたぜベェベ……。

もうこの辺で筆をおくことにするよ。

たまきさん、取り留めのない文章を長々ごめんなさい。ある意味たまきさんとセッションさせて頂いたような気分で書かせてもらいました。サンキューたまき！　忘れられないことをたくさん書いた。書かせてもらった。サンキューたまきー‼

おぼえてることは忘れられないこと。忘れられないこと。

ではまた。失礼します。


（たけなか・なおと　俳優・映画監督・ミュージシャン）

註＊
1　1960年代末～1970年代初頭に活動したフォークバンド
2　重松清の短編を原作とした読売テレビの連続ドラマ（2003年10～12月放送）
3　高橋幸宏プロデュースによる1996年発表の竹中直人ソロ・アルバム

参考文献

『ネズミに捧ぐ詩』忌野清志郎（KADOKAWA／中経出版）
『RCサクセションのすべて』（アロー出版社）
『忌野清志郎 瀕死の双六問屋 完全版』忌野清志郎（新人物往来社）
『ロックで独立する方法』忌野清志郎（太田出版／新潮文庫）
『十年ゴム消し』忌野清志郎（河出書房新社）
『忌野清志郎 1951―2009 ロッキング・オン・ジャパン特別号』（ロッキング・オン）
『文藝別冊 忌野清志郎 デビュー40周年記念号』（河出書房新社）
『GOTTA！ 忌野清志郎』連野城太郎（角川書店）
『忌野清志郎が聴こえる 愛しあってるかい』神山典士（アスコム）
『忌野清志郎の世界』忌野清志郎（ぴあ）
『生卵 忌野清志郎画報』ロックン・ロール研究所（河出書房新社）
『忌野清志郎 永遠のバンド・マン』（ミュージックマガジン）
『エリーゼのために 忌野清志郎詩集』忌野清志郎（KADOKAWA／角川学芸出版）
『日々の泡立ち 真説RCサクセション』忌野清志郎、仲井戸麗市、小林和生（ロッキング・オン）
『Dreams to Remember 清志郎が教えてくれたこと』今井智子（飛鳥新社）

『ぼくの好きなキヨシロー』泉谷しげる、加奈崎芳太郎（WAVE出版）
『愛しあってるかい DELUXE EDITION RCサクセション』RCサクセション（宝島社）
『地球音楽ライブラリー 忌野清志郎 増補改訂版』ベイビィズ音楽出版（エフエム東京）
『遊びじゃないんだっ RCサクセション』（マガジンハウス）
会報『軽罪新聞』『BAD』『どんちゃん画報』
忌野清志郎オフィシャルサイト「地味変」（http://www.kiyoshiro.co.jp/）

・本書は二〇一四年七月に宝島社より刊行されました。
・文庫化に際して、加筆、再編集の上、書き下ろし「ボーナストラック　リンコさん」を収録しました。
・編集協力：中島佳乃　坂本織衣

ちくま文庫

あの頃《ころ》、忌野清志《いまわのきよし》郎《ろう》と　ボスと私《わたし》の40年《ねん》

二〇二三年三月十日　第一刷発行
二〇二三年四月二十日　第三刷発行

著　者　片岡たまき（かたおか・たまき）
発行者　喜入冬子
発行所　株式会社　筑摩書房
東京都台東区蔵前二―五―三　〒一一一―八七五五
電話番号　〇三―五六八七―二六〇一（代表）
装幀者　安野光雅
印刷所　三松堂印刷株式会社
製本所　三松堂印刷株式会社

ISBN978-4-480-43868-3　C0123